불꽃

이 도서의 국립중앙도서관 출판예정도서목록(CIP)은 서지정보유통지원시스템 홈페이지(http://seoji.nl.go.kr)와 국가자료종합목록 구축시스템(http://kolis-net.nl.go.kr)에서 이용하실 수 있습니다. (CIP제어번호 : CIP2020033865)

우리시대의 수필작가선 061

불꽃

최선화 두번째 수필집

수필세계사

작가의 말

『울림』 이후 2집이다. 1집을 떠나보내면서는 두렵고 설렜다. 그것도 잠시, 다음을 기대했고 이제야 자신과의 약속을 지키게 되었다. 늦은 감이 있지만 홀가분한 마음으로 자리를 툴툴 털고 일어선다. 몸도 마음도 가볍다. 덕분에 숨쉬기가 수월해졌다.

1집에 대한 기억을 떠올려 본다. 가지가지 생각들이 꼬물거리며 안겨온다. 해명하는 것에 서툴러 억장이 무너졌던 순간이 먼저 보인다. 혼동과 방황의 길을 걸으면서 온점을 찍는데 쓸 처방전을 구하러 다녔던 기억도 난다. 병을 고쳐 줄 날실과 씨실을 글에서 찾았다는 솔직한 고백들이 졸졸 따라온다. 머리끈까지 풀고 나다닌 끝에 해방구를 찾았다는 글도 있다. 덕분에 물기 빠져 낙엽 같던 나날에 생기까지 돌았다는 대목 앞에서는 지금도 그때의 감흥이 느껴진다. 또 하나 손 내밀어도 잡아주는 이가 없어 밤잠을 설쳤다는 부분에서는 거칠었던 시간들이 얼굴 근육을 흔든다.

첫 출간 이후 8년이 흘렀다. 무조건적으로 요행을 바라며 살지는 않았다. 오히려 부족하지만 밥값을 하고자 했었다. 제자리에서 나잇값, 자릿값을 하려 했던 모습도 보인다. 그와 반면 초심에 금이 나기도 했었다. 유리그릇으로 살아오지 않았건만 수술대 위에 나무토막처럼 누울 일도 생겼다. 몸 관리를 못한 탓이 으뜸인 줄 안다. 그러면서 또 하나 깨달은 것이 있다. 너무 비싼 대가를 치르고서야 알았다. 그것도 하얀 병실에서다. 그 순간 주변들에 대한 기대와 화를 모두 내려놓았다. 그냥 그러고 싶었다. 세상 마음대로 안 된다는 어마무시한 진리를 두 손에 쥐고 보니 또 다른 가치가 보였다. 이제야 철이 든 건지.

화사한 꽃으로 태어나고 싶다. 파스텔톤 우산으로 하늘을 떠받들며 호들갑을 떨고 싶다. 꽃비의 주인공도 좋겠다. 구질구질한 악다구니와는 손절매하는 하나의 점이었으면 한다. 염치와 도리에 대해 남다른 애정을 가졌더랬는데 이제는 그 바람도 버릴 생각이다. 가볍고 싶다. 또 하나, 한옥의 문창살을 지켜주는 한지와 닮은 자연인이었으면 좋겠다. 그 정도는 기대해도 되지 않을까.

무딘 글 촉을 끊임없이 채찍질 해 주시던 글 아버지 홍 선생님께 감사드린다. 쓰디쓴 충고도 포장하지 않은 채 건네주던 문우님들, 무조건 지원하고 배려해주는 남편 김영탁과 동섭, 영주에게도 고마운 마음을 전한다.

2020년 여름
최 선 화

차례

작가의 말

1부

012 칼 위를 걷다
016 불꽃
021 상사화
026 한여름 밤의 달빛
030 손짓
034 지게차
039 커피 공화국
044 두 바퀴 세상·1_걸음마
047 두 바퀴 세상·2_낙동강 오리알
051 두 바퀴 세상·3_간 키우기
055 몸은 기억한다
058 지옥체험
063 남자들의 교가

2부

068 폐허를 사다
072 그놈
077 된장녀
080 남자
083 말
088 부실공사
092 서바이벌 게임
095 안면보호구
098 요리 춘추전국시대
102 후반전
106 탐라의 선물
109 지킴이를 찾아서

3부

116 가왕
120 이모작
124 젊은이의 초상
129 사갈 것 없나
132 건밤
137 봉숭아 물들이다
141 조연
145 다육이
150 만화경
154 면접
157 무노동 무임금
161 톺아보기

4부

168   SNS
173   내 탓이로소이다
177   동양화 유감
182   바지랑대
187   수족이 고생한 날
191   잣대
196   절 아이
201   타임머신을 타다
204   협주곡
210   안다니까요
214   달라졌어요
219   아이들의 만년필

어느 순간엔가 바다와 하늘은 완전히 한 몸이 되어 있다. 그것이 신호인 듯 불꽃놀이가 본격적으로 시작된다. 불꽃은 낮이 밤으로 바뀐 것을 축하할 모양이다. 머리를 풀어 젖힌 채 지칠 줄 모르고 핵분열까지 해 보인다. 불꽃들이 하늘에 수 놓이자 모인 이들의 함성이 포물선처럼 오르락내리락한다. 사람들은 초대된 만찬장에서 넋을 놓고 있다._불꽃 중에서

1부

- 칼 위를 걷다
- 불꽃
- 상사화
- 한여름 밤의 달빛
- 손짓
- 지게차
- 커피 공화국
- 두 바퀴 세상1_걸음마
- 두 바퀴 세상2_낙동강 오리알
- 두 바퀴 세상3_간 키우기
- 몸은 기억한다
- 지옥체험
- 남자들의 교가

칼 위를 걷다

뒷다리가 뻐근하다. 팔도 며칠 전과 판이하게 다르다. 대충 몸을 풀고 아침 준비에 들었는데 시선이 한 곳에서 움직이지 않는다. 칼이다. 낯설거나 새로워서가 아니고 칼바위를 다녀온 기억이 생생해서다.

하루 전 영남의 알프스로 불리는 곳으로 향했었다. 먼저 여러 개의 도와 연결되어 있는 신불산을 택했다. 어떤 치료약을 거머쥐게 될지 알 수 없지만 일상에서 탈출하고 싶었다. 남편이 자잘한 정보까지 옆구리에 끼고 있었기에 오가는 길목이 기대되었다.

목적지에 닿았다. 초입부터 만만한 곳이 아니었다. 실은 산허리를 빙빙 돌기만 하다 보면 정상에 쉽게 오를 줄 알았다. 하지만 그런 배려는 어디에도 없었다. 오히려 제멋대로 생긴 돌들만이 산의 정수리를 지킬 요량으로 즐비했다. 또 하나 특이했던 것은 밧줄이 대롱대롱 매달려 손짓을 하는 곳이 쉼 없이 나타났다는 거다. 훈련소에서나 있음직한 굵기다. 덕분에 여전사처럼 바위타기에 도전해야 했다. 특히 산세가 가파르고 흘러내리는 물로 인해 미끄러웠을 때는 신경이 곤두섰다. 밧줄을 묶어 둔 나무가 금방이라도 뿌리째 뽑힐 듯 위태로운 곳도 여기저기 숨어 있었다.

이윽고 해발 천 미터가 넘는 지점에 닿았다. 그것뿐이면 좋았겠지만 닿자마자 문제가 생겼다. 범인은 칼바위였다. 칼로 찬거리를 다듬기는 하지만 칼날처럼 생긴 능선을 타야할 일이 생길 줄은 몰랐다. 앞서 가고 있던 남편은 아래를 보지 말고 건너라며 건너편 그것도 칼바위 위에서 다그쳤다. 실은 발을 조금만 잘못 디디면 끝도 보이지 않는 나락으로 떨어지는 곳이었다. 하물며 그런 곳에서 황당한 요구를 연거푸 했다. 무슨 배짱인지.

들은 척도 안하고 어수선해하는데 뒤따라오던 등산객들이 바위 타는 방법을 일러 주었다. 목소리에 윤기가 흘렀지만 칼날 위에서 이미 얼음이 된 뒤였던지라 그들의 훈수는 낙숫물이 되어 튕겨져 나갈 뿐이었다. 드디어는 나이와 덩치에 어울리지 않게 속울음이 터져 나왔다. 단지 내놓고 표현할 수 없어서 주변 사람들이 눈치채지 못하도록 삼켰을 뿐이다.

혼자 속앓이를 하는데 뒤따라오던 누군가가 고함을 쳤다. 칼바위 바로 아래에 몸을 옆으로 해서 지나갈 수 있는 공간이 보인다는 안내였다. 그야말로 희망의 끈을 전해 받은 것이었다. 실오라기 같은 소식이었지만 내려다보았다. 아니나 다를까 어른 발바닥만한 공간이 칼바위 방향으로 숨어 있었다.

한 다리를 쭉 뻗었다. 워낙에 하체가 짧다보니 쉽게 닿지 않았지만 그나마도 바위 위를 엉금엉금 기는 것보다는 나았다. 온 몸을 엿가락 늘이듯 해서 발을 내딛는데 성공했다. 일단은 몸을 만두피처럼 납작하게 만든 뒤에 뾰족한 칼바위에 등을 붙이듯이 해서 걸어 나갔다. 말이 걷는 것이지 그야말로 해변가의 게걸음 흉내를 냈다. 그렇게 시작된 칼바위와의 신경전은 쉼 없이 이어졌다.

이러구러 심봉사 눈 뜨듯 오던 길을 되돌아보았다. 놀랐다. 공룡의 등처럼 뾰족뾰족한 칼날 바위가 안개 속에서 지그시 웃고 있어서다. 자세히 보니 공룡이 박제된 상태에서 큰 기지개를 켜는 모양새였다. 그것이 끝이 아니고 일어서서 부리부리한 두 눈을 부릅뜬 채 불길을 뱉어낼 듯했다.

또 있다. 어마어마한 괴성과 함께 기둥 같은 다리로 지축을 흔들며 덮칠 기세다. 저렇게 위태한 곳을 지나왔다는 사실에 어지럼증이 다시 찾아 왔다. 두 눈을 감았다. 드디어는 좁디좁은 바위의 엉덩이 한가운데에 주저앉아 동상이 되고 말았다. 얼마나 더 머물렀는지는 기억조차 나지 않는다.

 생각해보면 우리들의 일상사도 칼날 위를 걷는 것과 진배없다. 물론 보는 각도에 따라서 반대급부로 생각할 수도 있다. 하지만 이런저런 사건을 보면 굿내림판의 예리한 칼날 위에 오롯이 서 있는 우리를 발견할 때가 많다. 월력의 한 장을 떼어 내고 연도의 숫자가 자리바꿈해도 그렇다.

 허기진 살쾡이가 먹이사냥하듯 쏘다녔다. 산을 헤매고 다니다 돌탑에 마음 한 자락까지 얹는 여유를 부리며 내려왔다. 풀잎이 보내주는 소리도 듣고, 꽃잎과의 눈맞춤에도 응할 수 있는 우리 모두가 되도록 배려해 달라고 빌었다. 떠나올 적의 잿빛 구름도 엷어져 있었다. 칼날 위를 건넜던 경험들이 치료약이었는지.

불꽃

 바다와 강을 낀 둔치의 길목에서다. 사위가 점점 어둠에 휩싸인다. 푸른 술로 보이던 바다와 강물이 만나는 경계선을 찾고 있다. 실은 지금까지 한번도 그 선을 눈에 넣은 적이 없었다. 그러면서도 두 눈 크게 뜨고 신경을 곤두세운다.

 어느 순간엔가 바다와 하늘은 완전히 한 몸이 되어 있다. 그것이 신호인 듯 불꽃놀이가 본격적으로 시작된다. 불꽃은 낮이 밤으로 바뀐 것을 축하할 모양이다. 머리를 풀어 젖힌 채 지칠 줄 모르고 핵분열까지 해 보인다. 불꽃들이 하늘에 수 놓이자 모인 이들의 함성이 포물선처럼 오르락내리락한다. 사람들은 초대된 만찬장에서 넋을 놓고 있다.

 그렇게 얼마가 지났을까. 불꽃이 사람들의 혼을 빼앗으며 명작을 만들어내고 있다. 조금 전과 달리 옷깃을 여미는 이들이 하나 둘 는다. 무슨 일인가 했더니 그동안 멀쩡하던 하늘이 멍이 들고 있다. 아닌 게 아니라 하늘은 여러 가지 얼굴을 갖고 있다는 것이 증명되었다.

빗줄기가 힘자랑하며 사람들과 기싸움을 할 참이다. 이 불꽃놀이를 시샘하는 바람은 또 무언가. 순식간에 들이닥친 이 모든 소용돌이는 뱃속 깊은 곳에 쟁여있던 거품까지 게워낼 요량이다. 드디어는 바람이 용처럼 드세게 나부낀다. 그런 중에도 남아있는 구경꾼 속에 파묻혀 이리저리 눈동냥을 한다.

어렵게 걸음한 것이기도 하고 떠오르는 얼굴이 있어서다. 남동생 때문이다. 행사장에서 고개를 오른 쪽으로 돌리면 현대식 건물과 산업도시의 상징인 굴뚝이 보인다. 동생이 근무하던 곳이다. 불꽃놀이 장소가 변하지 않는다면 매년 이렇게 만나게 된다. 순간 바닷길을 간간이 오가는 형체도 확실하지 않은 배와 함께 불꽃처럼 살다간 동생의 얼굴이 언뜻 겹쳐져 보인다.

오래 전 이야기다. 아이들이 마당 안으로 헐레벌떡 뛰어들었다. 뜀박질의 끝이어서인가. 숨을 몰아쉬는 모습이 절박해 보였다. 그들은 남동생이 물에 빠졌다는 소식을 던져주었다. 뒤에 섰던 어머니가 엉덩방아를 찧으며 주저 앉았다. 바다는 하나 있던 남동생을 한 입에 삼켰던 모양이다. 어안이 벙벙해 있는데 뒤따라 뛰어 들어온 아이가 앞집 형이 동생을 구해냈다며 속사포 쏘듯 전해 주었다. 가족들은 한걸음에 사고현장을 향해 내달렸다. 그날 남동생은 뱃속 깊숙한 곳까지 채워 넣었던 짠물을 뱉어낸 후 혼절했다.

그 동생이 가정을 이뤘다. 내 손안의 재물로 생활하는데 익숙해 있던 우리 집과는 다소 거리감이 있어 반대했다. 하지만 둘 사이를 막을 적당한 방패가 없었다. 동생은 가장의 책임을 짊어진 채 힘들어 했다. 그러다 본인의 꿈들은 뒤로 숨긴 채 회사원으로 생활전선에 뛰어 들었다. 그런가하면 풍선 안의 공기처럼 돌출구를 찾으려고 경험도 없는 일들을 연거푸 하고자 했다.

조물주는 그나마도 알콩달콩 사는 모습이 샘이 났는지 끊임없이 해코지를 해댔다. 물속의 해파리같이 끈덕지게 나붙었다. 그것뿐이면 좋았겠지만 독소를 쏘아 붙여서 자존심에 갖은 생채기까지 냈다. 동생은 사정이 이러하다보니 못다 이룬 꿈들에 대한 갈증으로 지쳐있는 날들이 많았다.

몇 년 뒤 사고 소식이 또 들렸다. 기억하기 싫지만 병원의 중환자실에서다. 동생은 가족들이 온 것을 모르는지 산소통의 호스를 코에 꼽은 채 꼼짝도 않고 누워 있었다. 이 병원 저 병원으로 데리고 다니면서 공들일 기회라도 주었으면 좋았으련만 그런 바람조차 사치였다. 결국은 남은 이들과의 인연은 뒤로하고 사망진단서를 가족들의 손에 쥐어 준 채 황망하게 떠났다.

동생은 이승의 옷을 훌훌 벗어 던졌다. 삶이 한판의 마당놀이라도 되는 듯이 급하게 갔다. 차디찬 시트 위에 누워서 올 굵은 저승옷을 한 겹 두 겹 껴입힐 때도 거부하는 몸짓조차 하지 않았다. 오히려 장례사의 손길에 살아온 시간과 몸을 맡기기로 작정한 듯 했다. 순하디 순한 평소의 성품대로 말이다.

　벌건 불바다에 동생의 육신을 밀어 넣는 장면이 떠오른다. 다들 낯선 모습에 몸부림치면서도 나름의 방식대로 망자를 애도했다. 부모님은 혼이 나간 듯했다. 절대자에게 데리고 간 영혼을 되돌려 달라고 구걸까지 했건만 얻은 건 그 어디에도 없었다. 제 삶의 반쪽을 잃은 올케는 정신줄을 어디에 두었는지 눈물만 뿜어낼 뿐 산 사람으로 보이지 않았다.

　전기화로로부터 매캐하고 비릿한 냄새가 코끝에 와 닿았다. 건장하던 육신은 불꽃이 되더니 한줌의 재와 뿌연 안개로 사그라졌다. 동생이 들어간 이후 불과 몇 분의 시간이 지났을 뿐이건만 이 현상은 무언지. 삶이란 것이 이렇게 하잘 것 없는 것이었다는 말인가.

　동생과 함께 뻘밭을 뛰어다니던 아이들은 장성했다. 특히 마당 안으로 뛰어 들어와 사고 소식을 전해 주던 아이는 어엿하게 식솔들을 거느리는 가장이 되어 있다. 다만 동생은 화장터의 불꽃놀이 뒤로 이승의 문을 닫고 말았다. 아니다. 닫고 걸어 잠그는 것도 부족해서 아예 있던 다리마저 없애버렸다. 그러다보니 이제는 해마다 맞이하는 제사상 위의 영정 사진이 전부다.

불행 중 다행인 것이 하나 있기는 하다. 억지로 꼽아보면 어여쁜 여식 둘을 남겼다는 거다. 그나마도 또 고마운 것은 아이들의 얼굴 구석구석에 동생의 흔적이 남아 있어 위로가 된다. 제 자식이라는 징표를 남기기 위해서 노력한 덕분이리라. 그 외에는 이기적인 것 천지다. 매몰차게 떠나간 것이 이유다. 물론 살아 있는 이는 어떻게든 살기는 한다. 하지만 상처난 가슴자락을 붙들고 보낼 거라는 생각은 왜 못했을까. 그 어떤 답이나 변명의 소리도 들은 바가 없다. 그래서 그 삶이 더욱더 측은하다.

산등성이 저만큼에 동생의 집인 부도가 보인다. 산사의 불경 소리를 자장가와 기상곡으로 들어서인지 떠오르는 모습마다 젊다. 그것도 한 날 한 시 같다. 그렇게 동생에 대한 기억을 더듬다 뿌옇게 피어오르는 안개꽃과 마주한다. 동생의 몸을 불꽃과 바꾸던 그날처럼.

# 상사화

"괜찮나?"

 안부를 묻자 전화기 너머의 그녀는 나직한 목소리로 나중에 연락하겠다고 한다. 참선 기간인지 통화하기가 곤란한 듯하다. 그녀는 고등학교와 대학을 같이 다닌 오랜지기다. 대학 때는 지척에서 자취를 한 덕에 문턱이 닳도록 오갔었다. 그러던 그녀가 어느 순간부터 가슴을 저리게 했다. 만날 적마다 머리끝부터 발끝까지 후딱 읽는 버릇도 생겼다. 콩나물처럼 발끝에 힘을 잔뜩 주고 산 그녀의 아픔을 알기 때문이다.

 오래전, 소식이 뜸하던 어느 날이다. 사람을 소개해 줄 터이니 만나볼 생각이 없느냐고 물었다. 매번 그러했던 것처럼 그녀는 잠시 망설이는 듯하더니 결혼을 했다고 했다. 뒤통수에 불이 번쩍했다. 그동안 결혼을 시킬 요량으로 다그치며 공들인 시간이 꽤나 길었던 이유다. 배신감이 물밀듯 몰려왔지만 방금 들은 이야기가 무슨 말이었는지 알아내느라 정신을 가다듬었다. 귀에서 윙윙거리는 벌떼들의 몸부림 소리가 났다. 그런 내 모습을 알 리 없는 그녀는 직장에만 알리고 전통혼례를 올렸다는 설명까지 했다. 뒤이어 배우자가 산사의 종교인이라는 말에 수화기를 내려놓고 말았다.

그러길 얼마가 지났을까. 출근길에 느닷없이 휴대폰 소리가 발목을 잡았다. 바람 길을 막느라 완전무장했기에 무시할까 하다 급한 연락이면 어쩌나 싶어 받았다. 그녀였다. 가슴이 떨렸다. 내가 지금 무슨 이야기를 듣고 있나 싶어 길거리에 멍하니 서 있었다.

그녀는 살얼음이 낀 목소리로 남편이 죽었다는 이야기만 되풀이 했다. 내외는 긴 시간 동안 강 건너 불로 살다가 어렵게 이어진 끈이었다. 하물며 그런 인연들이 생쌀을 퍼먹듯이 급하게 삶의 끈을 놓은 것이다. 뒤늦게 만난 것도 안타까웠더랬는데 이승과 저승의 주소를 문패로 내걸고 살아야한다니 말문이 막혔다.

장례예식장으로 향했다. 그 순간까지도 들은 이야기들이 잘못 전해졌기를 빌었다. 매캐한 향이 진을 치고 있는 곳에 닿았다. 그녀는 창백한 얼굴로 남편의 영혼을 붙든 채 앉아 있다가 휘청하며 일어섰다. 먼저 간 지아비와 함께 본인의 마음도 같이 묶어 보냈는지 진즉에 본 적이 없는 표정이었다. 검은 상복이 아니었어야 하고, 그곳에서 만나지 않기를 바랐건만 두 가지 기대는 보란 듯이 날아갔다.

그들을 시샘한 조물주가 원인이었다. 물론 정해진 길이었으며 일찍이 가는 것조차도 받아들이겠다는 약속까지 했을 수도 있다. 그래서인가. 남자는 몰아쉬는 숨소리와 함께 모든 업보를 이고지고 가버렸다. 남은 것이라면 그믐밤 같은 침묵과 얼음꽃이 된 그녀뿐이었다.

얼마나 지났을까. 그녀의 말수가 늘었다는 확신이 들어 집을 찾았다. 분위기를 바꿔줄 요량이었다. 방안으로 들어서는데 숨이 멈췄다. 아닌 게 아니라 구도자의 영정과 함께 결이 드러나는 앉은뱅이 탁자, 기도할 때 사용했던 물건들이 내 눈에 들어왔다. 그야말로 산사의 남편이 사회로 돌아와 기도를 드렸던 공간이었다. 그것도 모르고 선무당 사람 잡듯이 무조건적으로 버리라고 목소리를 높였으니 면목이 없었다. 뱉은 말들이 그녀와 질곡 많은 삶을 살다간 그녀의 남편을 언짢게 한 것 같아 급하게 수습했다.

산행 길에 산사의 돌담을 배경으로 호젓하게 서 있는 상사화를 발견했다. 상사화는 거꾸로 세운 바소처럼 고고하게 서 있었다. 꽃의 얼굴에서 그녀와 구도자의 얼굴이 번갈아 보였다. 그

꽃은 둘 다 잎이 있을 때는 꽃이 없고, 꽃이 필 때는 잎이 없다. 잎은 꽃을 생각하고 꽃은 잎을 생각하는 점이 내외를 연상시켰다. 사람들이 헷갈려하는 꽃무릇과는 단박에 알아볼 수가 있었다.

하지만 꽃무릇이 독약인 것과 달리 상사화는 약초이니 상사화야말로 두 사람과 닮았다. 또 있다. 꽃무릇은 태양의 색을 띤 채 제 뱃속까지 훤히 내보여준다. 야단스럽고 화려하니 그들 내외와는 절대로 어울리지 않는다. 그것뿐이 아니다. 상사화는 씨방까지 갖춘 완벽한 꽃이지만 열매를 맺지 못한다. 그러다보니 2세에 대한 생각은 애초에 접고 살았던 그들 내외와 흡사하다. 담벼락에 기댄 꽃무리가 지나쳐 보이지 않는 이유이기도 하다.

둘은 신자와 구도자로 만났다. 실오라기 같은 마음을 솔솔 풀어 건넨 쪽은 그녀였다. 그녀는 절대자의 가르침이 온전히 배어 있는 사찰 안과 밖을 오가면서 구도자와 함께 할 꿈을 꿨다. 평생을 그믐밤처럼 사느니 상대방을 내 사람으로 만든 뒤의 독수공방이 더 낫다고 생각한 것 같다. 하지만 속가의 사랑놀음과는 진즉에 달랐다. 무려 십여 년 동안이나 오직 한 사람만을 바라보고 숙성시키며 사느라 속이 숯검정이 되었으니 말이다.

그녀를 내치기에 급급했던 상대방 또한 목숨을 건 정진 끝에 숨겨두었던 마음 한 구석을 툴툴 털고 세상으로 나와 부부의 연을 맺었다. 주변의 만류나 재물, 명예도 오르지 못할 태산은 아니었던 모양이다. 하지만 짧은 만남 끝에 운명의 끈을 또 다시 한 쪽씩 나눠 쥔 채 꽃과 잎이 되어 상사화처럼 살아야한다니. 세상 참 고르지 못하다 싶다.

우리 모두는 참으로 다양한 삶을 살고 있다. 평지를 산보하듯이 살 때가 있는가 하면 흙탕물 속에서 허우적거리기도 한다. 그와 반면 흙탕물이 흘러가는 동안 뿌옇기만 하던 흙들이 가라앉은 마알간 물 위에 서서 고단했던 지난날을 되돌아보기도 한다. 더러는 그 물난리가 진정된 뒤 다져진 평지 위에 서서 소박한 내일을 꿈꾸기도 한다.

그녀의 삶도 예외가 아니다. 비록 먼저 간 이의 몫까지 감싸고 사느라 타래 맨 고개가 무거워 보이기는 한다. 하지만 광야에서 고함치듯 되살아 날 것이라는 것을 잘 알고 있다. 단지 하루빨리 잃어버린 한 쪽에 대해서는 운명으로 받아들이기를 빌며 습관처럼 수화기를 든다.

"괜찮나?"

한여름 밤의 달빛

한여름 밤이다. 총천연색 옷을 입고 있던 대낮이 밤 여신으로 돌아와 있다. 달빛도 질세라 따라 내려와 땅위에 누워 있다. 여름날의 대표선수인 매미도 한 몫 한다. 넘어갈 듯 자지러지거나 죽기로 각오했는지 귀청을 두드린다. 자신의 존재를 알리기 위해서 지칠 줄도 모른다. 그런 시간을 보내다 사위가 캄캄한 밤이 되고나서야 일어선다.

바람기 없는 것은 참겠는데 습기를 머금은 공기는 봐 줄 수가 없다. 어떻게하나 하다 냉방기에 몸을 맡겼지만 묘약이 되어주지 못한다. 그렇게 지칠 대로 지쳐 있다가 어둠을 머리에 이고서야 밖으로 나온다. 이열치열이라고 인근에 있는 운동장에 운동을 하러 갈 참이다. 복더위와 정면으로 마주할 요량에서다.

느슨해진 운동화 끈을 되잡아 매고 운동에 든다. 주인들이 가버린 텅 빈 운동장에는 달빛이 먼저 와 있다. 앞서거니 뒤서거니 했는데 재바르기도 하다. 밤눈 어두운 나를 거들어줄 참이었으리라. 내놓고 부탁한 적이 없건만 살가운 배려와 은근한 호위가 반갑다. 평소에는 한 입 베어 먹어버린 사과 같아 가볍게 보았었다. 하지만 그날은 그나마도 달의 헐은 부분이 만들어낸 희미한 달빛에 감탄할 따름이다.

달빛은 수목들에게 안식과 평화를 안겨다 준다. 태양열에 들 굽히고 있었던 몸들을 숨겨주니 말이다. 작열하는 태양빛 아래에서 요란하고 드센 하루를 보낼 수밖에 없었던 사람들에게도 마찬가지다. 노동보다는 쉼표와 같은 시간을 허락한다. 그것도 세상의 못나고 헐은 곳을 적당히 덮어주기까지 하니 숨구멍과 같다.

가지가지 생각들을 데리고 한여름 밤의 달빛과 동행한다. 오늘따라 아무도 없다. 다들 더위를 피해 일찍이 밤잠에 든 건지, 아니면 더위를 옆에 끼고도 생활할 수 있는 곳으로 간 건지 알 수 없다. 달빛을 닮은 도심의 가로등만이 담 너머에서 고개를 삐죽이 내밀고 서 있다. 목 줄기를 기다랗게 빼고 주변을 밝게 해주는 마음자락이 흐뭇하다.

그야말로 집에서 나올 때와 다르게 여유를 즐기는데 구름들 사이로 희미하게 빛나는 무언가가 눈에 든다. 실눈을 하고 찾아

낸 것은 별이다. 별은 야단스러운 생활형 불빛에 가려 숨어 지내다시피 한다. 구름 앞에서는 뾰족한 수가 없었으리라. 제 아무리 이름 있는 명망가의 별이라도 그의 온몸은 구름으로 덮힐 때가 많다. 꺼져가던 숨결에 탄력이라도 받은 것인지 씨를 뿌린 것 같다.

온몸에 거뭇한 무늬로 있던 구름은 달빛의 호위를 받고 있다. 또 있다. 바람들이 하염없이 퍼다 날라주는 다른 구름들로 인해 몸의 형태가 수시로 바뀐다. 하늘은 그런 변화도 자연의 섭리로 받아들이는지 처연하다. 제 몸을 배경으로 구름들이 흩어졌다 모이기를 수도 없이 해도 모든 것을 수용한다. 조금은 야단스럽고 가볍게 느껴질 일이건만 그렇지 않다. 한참을 이러구리 걷다가 눈높이를 낮췄더니 길가의 건물들에 의해 시선이 갇히고 만다.

회색빛 벽돌로 둘러싸인 집으로부터의 탈출로 인한 달빛과의 동행은 일상이 주는 소소한 선물이다. 몇 백 평의 함선이면 무엇하며, 내로라하는 축구장을 가진 범선이라 한들 무슨 소용이 있을까. 특히 앞에 있지만 발 아래 있지 않고, 보이지만 손에 잡힐 정도로 가깝지도 않은 동네 앞 작은 산까지도 달의 자식에 불과하다.

한껏 여유를 안고 집으로 가던 중 가로등과 한 몸이 되어 있는 전봇대 옆을 지나간다. 밤나들이에 동행하는 길동무들이 제법 많다. 어디인가에 기대어 있는 것을 좋아하는 종량제 봉투들도 보인다. 그들은 한쪽 어깨를 기대며 옹기종기 모여 있다. 화끈한 태양빛 아래에서는 미어터지도록 먹은 불룩한 모습이 눈살을 찌푸리게 했으리라. 그러다보니 온종일 사람들의 눈총을 받느라 녹초가 되었을 줄 안다. 하지만 어둠을 등에 업고 달빛의 엄호를 받는 이 순간만은 다들 여유롭다.

달빛은 사물들에게 날센 신경전보다는 조금은 무딘 사고를 하도록 허락한다.

손짓

저쪽 테이블의 남자가 손짓을 했다. 우리 테이블에서 반응이 없자 두 손을 흔들면서까지 시선을 끌었다. 앞사람과 주거니 받거니 이야기를 나누기는 했지만 솔직히 보기는 했다. 단지 모른 척했을 뿐이다.

웃음이 터졌다. 이게 무슨 인연인지. 실은 어제도 옆 테이블에 앉았던 양반들이다. 그런데 오늘 또 앞뒤 자리에서 만나다니 말이다. 옆자리의 지인은 허리를 쿡 찌르며 아는 척하라고 성화다. 그제야 못 이긴 척 두 손을 흔들어 주었다. 그런데 조금 전과 달리 그쪽으로 오라며 손짓했다. 오라고 하고 못 간다고 하는 줄다리기로 수선을 떨려니 성가셔서 엉거주춤 합석했다.

찌개가 주메뉴였던 식탁 위에는 그럴싸한 술이 와 있었다. 녹색 옷으로 무장한 채 의젓하게 제 키를 곧추 세우고 있는 폼이

위풍당당해 보였다. 비록 검은 비닐 속에 숨어 있지만 그 지역을 대표하는 소주였다. 밥과 반찬은 손을 댄 흔적조차 없이 구석진 곳에 소복히 모여 있었다. 주인들로부터 냉대를 받았는지 싸늘하게 식어 있기까지 했다. 식사 후에 반주로 즐기라며 넌지시 잔소리 했더니 그 말조차 안주로 듣는지 오히려 한 잔을 권했다.

소주는 투명한 물컵에 대충 받았다. 실은 저쪽 테이블의 대표선수로 불려간 입장이었던지라 너끈하게 달라며 호기까지 부렸다. 그 자리에 있던 정회원 여자는 지금이라도 자리를 바꿔줄 생각이 있다며 엉덩이를 들썩였다. 객원 손님인 나를 향한 대접에는 장난기가 한가득 묻어 있었다. 빼곡하게 앉은 주변인들은 까르르 넘어갔다.

받아든 잔과 목소리에 힘을 실으며 모든 이들의 안녕을 위하여 건배했다. 시선이 또 그 테이블로 모였다. 하지만 주변인들은 잔 안의 물질에 대한 상식은 없다. 그 누가 보아도 물잔에 든 물이었을 뿐 취기를 돋울 술이라고 보는 이는 없었을 터이니 말이다. 또한 그곳은 산중에 있는 연수원이었던지라 감히 그런 친목의 자리를 만들 수 있으리라고는 다들 생각 못했으리라.

저녁 식사 자리를 벗어나 운동 겸 산책을 나왔더니 천지가 가을색이었다. 세상을 태우기라도 할 요량이었는지 불씨를 머금은 채 타고 있었다. 계절의 초대를 겸손하게 받아들이며 눈 부조를 했다. 하루가 다르다. 아니다. 오전이 다르고 오후가 달랐다. 계절의 변화상이 아쉽기 그지없다. 연령대에 따라 시간의 흐름이 다르게들 다가온다고는 한다. 굳이 그 말의 여운을 빌리지 않더라도 그해 가을만은 특히 후딱 왔다가 가면서 코끝이 매운 계절을 보내주었다. 즉, 겨울의 부라린 두 눈과 호통을 마주하게 되었으니 말이다. 아쉬워하며 계절의 손짓과 목소리에 취해 밤이 슬이 내려올 때까지 가을의 한마당을 쏘다녔다.

가을의 진한 향과 생얼굴을 보며 숙소로 향하던 길목에서다. 조금 전의 그 연수생 일행이 지나갔다. 다들 거나하게 취한 건지 취한 척하는 건지 기분이 제법 좋아 보였다. 떠들썩한 소리에 고개를 돌렸더니 아니나 다를까 그 일행도 우리를 발견한 듯 다들 반갑다며 손짓을 보내왔다.

그들은 조만간 퇴임을 눈앞에 둔 이들이어서인지 다소 무게감이 전해져 왔다. 우연히 옆에 옆에 앉아서 세상 돌아가는 이야기를 했다는 인연을 크게 보고 손짓 발짓하며 만날 때마다 반겼다.

일주일간의 연수가 끝나는 날이다. 거의 매일 정해진 공간 안에서 보이더니 잘 가라는 인사 정도는 해야 할 것 같건만 그날만은 보이지 않았다. 동료들과 그런 이야기를 나누는데 귀기울여 듣다가 나타난 것처럼 일행 중 한 명이 편한 복장으로 나타났다.

우리 일행은 피식 웃으며 잘 가고 잘 사시라는 덕담과 함께 제2의 인생을 축원해 주었다. 그는 그곳으로 올 일이 있으면 연락하라며 명함 한 장까지 덤으로 주면서 사라졌다.

휴가 같은 연수기간을 보내고 밀린 일을 하고 있다. 그중 끌고 다녔던 캐리어를 비우고 뒷손질을 하는데 명함 한 장이 나왔다. 별 생각 없이 종이나부랭이들과 함께 버리다 이건 무언가 하고 되가져왔다. 달라고 하지도 않았건만 손바닥에 한 장씩 건네주던 바로 그 명함이다.

혼자 웃는다. 산중이라 술도 못 마신다며 약속이나 한 듯이 안사람들을 안심시켰던 연수생들이 생각나서다. 하지만 우리는 그들이 무엇을 했는지 알고 있다. 날마다 소주 한 잔도 부족해서 연수원 앞 통닭집에 전세든 것처럼 살았다는 것도 알고, 매 식사시간에는 밥보다 병나발로 시작하고 끝냈다는 것도 안다.

세상을 향한 그들의 손짓과 보내버린 청춘을 되돌릴 수 없어 애태우던 취중진담은 아직도 기억 속에 새록새록하다.

지게차

다리의 근육이 땅기도록 브레이크를 밟는다. 앞차가 신들린 듯이 급하게 정차하니 다른 도리가 없다. 예상치도 못한 장소에서다. 실은 나도 과속을 했기 때문에 큰소리 칠 입장은 더더욱 아니다. 뒤따라 오는 차들도 연거푸 기계음을 낸다. 목운동과 함께 가슴을 쓸어내린다. 안도의 한숨이 나온다.

순간 저만큼 앞에 장례차가 눈에 든다. 아마도 조금 전 있었던 급정거와 관련이 있어 보인다. 서둘렀던 모습이 어리석어 보여 방금 풀 먹인 천처럼 여유롭게 운전대를 잡는다. 누군지도 모르는 주검 앞이었지만 속도는 더 이상 문제가 아니다. 장례차는 거미줄마냥 엉겨 있던 어릴 적 기억의 한 귀퉁이를 떠올려 준다.

우리 집 안마당에서였다. 귀엣말을 나누는 어른들의 모습이 보였다. 거의 동네 사람들 같았다. 내 몸을 구속하는 것은 어디에도 없건만 온 몸을 옭죄는 족쇄라도 찬 듯 무거웠다. 그뿐만 아니라 무채색 분위기와 그 속에 배여 있는 스산한 냉기는 소름을 돋게 했다.

얼마가 지났을까. 해가 벌건 제 이마를 들이밀고 나왔다. 그것이 마치 신호탄이라도 되었는지 곡소리가 온 집안을 맴맴 돌았다. 모인 사람들의 소매깃이 눈가를 들락날락하는 순간이기도 했다. 대청마루에 할머니의 모습도 보였다.

이게 무슨 곡절인가. 열 손가락 사이로 훔쳐보았더니 할머니는 손에 식칼을 들고 부들부들 떨고 있었다. 등골을 쓸어내리는 처절함과 무엇인지 모르지만 쫓기는 듯한 긴박함도 읽혔다. 그런데도 불구하고 외마디 소리조차 낼 수가 없었다. 뱉어내는 방법을 잊었거나 입언저리가 언 것이 아닐까 싶었다.

할머니 곁에 서서 이 일을 진행하는 사람은 낯설었다. 분칠 뒤의 얼굴은 주름살 투성이었다. 제 나이를 온 몸으로 말해주는 마룻장의 나이테 이상으로 연륜도 덕지덕지 얹혀 있었다. 가시눈을 한 그녀의 주술같은 말들이 랩퍼가 뱉어내던 노랫말처럼 술술 쏟아졌다. 중간 중간 낯익은 단어들도 물론 들렸다. 이는 평소 할머니가 조상님께 공들일 때 썼던 말들이었다.

할머니 뒤의 친정 모친은 천 길 만 길 수렁 속에서 짐을 진 듯이 서 있었다. 하늘이 아파 우는 것 이상의 물줄기마져 뿜어냈다. 반듯하고 강건하며 감정 갈무리를 잘 하던 평소 모습은 절대로 아니었다.

진행자는 간절한 호소와 함께 천둥벼락 같은 호통을 쳤다. 연이어 할머니에게 칼자루를 던지라 했다. 아마도 복받치는 감정이나 한을 미련 없이 문밖으로 보낼 생각이었다고 본다. 하지만 이 또한 추측일 뿐 들은 말은 아니다. 곡소리의 대부분을 뱉어냈던 할머니는 부들부들 떨면서도 순한 양처럼 고분고분 따랐다.

칼은 뭇 시선들을 업고 날았다. 포물선을 그리며 날쌘돌이 같이 나아갔다. 공기의 저항이나 사람들의 눈길 따위는 알 바 없다는 듯 거만하기까지 했다. 순간 풋내나는 내 머리 속에도 새파란 날이 섰다. 그뿐만 아니라 혹여 주변 사람들을 다치게 할까 걱정되어서 누군가의 치마꼬리 뒤로 숨은 것도 이때였다. 또 있다. 손가락 사이로 상황을 훔쳐보며 시퍼렇게 얼어 있었다. 그러면서도 기세등등하게 날아가는 칼끝에 시선을 얹어 덩달아 내달렸다.

눈 깜짝할 사이에 사단이 났다. 다들 온몸을 뒤로 젖혔는데 대문간에 지게를 진 한 사람으로 인해서다. 그는 무슨 배짱인지 칼을 마주 보고 걸어들어 왔다. 사시나무 떨 듯하면서 쳐다보고 또 쳐다보았지만 틀림없는 작은할아버지였다. 할아버지는 사람들이 칼끝을 피하는 것과 달랐다. 오히려 온 몸으로 맞을 요량이었는지 성큼성큼 걸어 들어와 우뚝 섰다.

다행히도 칼은 작은할아버지의 한걸음 앞에 떨어졌다. 아마도 진행자의 걱정에 찬 목소리와 행사 분위기가 너무 무거워서 더 이상 날아갈 수가 없었던 것은 아닐까 싶다. 아니면 제 몸에 실린 사람들의 시선에 두 손을 든 걸까. 이렇게 혼자 생각에 빠져 안도의 숨을 쉬는데 식은땀이 흘렀다.

위험한 순간을 피했다는 마음으로 한숨 돌리는데 할머니 뒤에 숨어 있다시피 하던 친정 모친은 순식간에 앞으로 나와 쓰러졌다. 다들 눈길이 그쪽으로 쏠렸다. 더 이상 숨어 우는 것이 아니고 고통이 묻어있는 몸부림이었다. 가을귀가 없는 어린 나까지 얼굴이 눈물범벅이 되었다. 작은할아버지는 땅바닥에 서슬이 퍼런 식칼이 꽂힌 것을 확인한 후 어딘가로 갔다. 맴도는 곡소리나 웅성대는 사람들의 눈길조차도 알 바 없다는 듯 유유히 모습을 감췄다.

그날에 대한 의문은 내도록 마음에 집을 짓고 살았다. 가족들이 모인 자리에서 우연히 그 기억을 한 올 한 올 펼쳐보였다. 순간 친정 모친 얼굴 위로 번개처럼 지나가는 무엇인가가 보였다. 그제야 가슴에 묻어 두었던 첫 아들에 대한 이야기를 입술에 스치듯 풀어냈다. 듣고 보니 그날은 병사한 오라버니의 장례일이었다.

어머니는 아픔이 켜켜이 퇴적된 결과를 가위밥처럼만 알려 준 셈이다. 듣는 순간 혹여 어머니더러 오갔던 길을 낱낱이 헤어 보도록 한 것은 아닐까 내심 후회했다. 하지만 이미 접시에 담긴 물이 쏟아진 뒤였기에 다시 담을 수는 없었다.

그렇게 전설 속의 잔흔으로만 남아 있던 오빠는 검은 세단에 흑백의 테이프로 단장한 장례차 대신 가마니와 새끼줄로 여며진 채 지게차를 타고 갔다. 속도경쟁에 질까봐 염려했는지 지게 위에 누운 채 모습을 감췄다.

그것뿐이 아니다. 십 년이라는 나이테가 몇 개 더 보태어진 어느 가을날에는 바로 밑의 남동생까지 뒤를 이었다. 집안을 맴돌던 울부짖음이나 통곡도 그런 속도전 앞에서는 걸림돌이 될 수 없었던 모양이다. 아직까지도 안마당에는 남겨진 상흔의 물기가 마르지 않은 상태다.

장례차를 뒤따라가며 빛바랜 흑백 사진을 수도 없이 넘겼다. 내 삶에 더 이상의 급브레이크 밟을 일과 속도전이 없었으면 좋겠다.

커피 공화국

후닥닥 방으로 들어갔다. 두 손에는 커피를 한 사발이나 타서 숨어들다시피 했다. 보기에도 투박한 국그릇은 무엇이고, 국그릇에 탄 커피는 또 무언지 의아해할 사람이 많을 줄 안다. 맞다. 무조건 공감한다. 실은 산달이 다가오는 산모이다 보니 남편이 감시 중이어서다. 물론 원인을 제공한 것도 나이니 달리 할 말은 없지만 커피가 눈 앞에서 아른거리니 어쩌겠는가.

무슨 육식을 그렇게 한다고 위벽을 훑어 내린다는 커피의 유혹에 흔들리는 건지 생각할수록 이상하다. 환희의 눈물이 아니라 악마의 눈물이라는 또 다른 이름까지 갖고 있는 커피를 말이다. 그런데도 불구하고 커피 인구가 하루가 다르게 늘어가고 있다. 그것뿐만 아니라 충성스러운 매니아들로 인해 일상생활에는 많은 변화가 생겼다. 오죽하면 우리나라를 일러 커피공화국이라

할까.

　실은 커피맛을 몰랐었다. 어느 날 기회가 와서 정식으로 커피 공부를 하게 되었다. 각종 기구들을 활용해서 만들어진 커피는 해발 어느 지점이냐에 따라서도 다르다하니 놀라웠다. 커피 가루와 물의 적절한 배합은 쓴맛. 단맛, 떫은맛, 신맛 등을 만들어 냈다. 짧은 시간 배운 것으로 그 미세한 맛을 구별하기는 어려웠다. 하지만 첫맛이 강한가 하면 끝맛이 오래도록 남아 훗날에도 다시 찾을 것 같은 희망사항이 생기기는 했다.

　커피를 즐기는 자리는 참으로 다양하다. 세상의 환희를 두 손에 쥐게 된 자리, 풀리지 않는 화두를 붙들고 전쟁을 치른 때도 곧잘 함께 하는 것이 커피다. 세상을 가진 듯한 기분에 젖어 있을 때는 은은하면서도 피부 깊숙이 와 닿는 향이 좋아 즐기게 된다. 세상의 구석진 곳이나 끝자리로 내몰린 뒤의 패배감에 젖은 이들에게는 세상의 쓴맛을 대신하기도 한다. 물과 배합했을 뿐이지만 머리를 맑아지게 하고, 생각을 한 곳으로 모으는 재주는 그 어떤 것도 따라올 수가 없다.

　상대방과 커피 한 잔을 약속할 때가 있다. 이는 한 잔의 여유를 함께 나누고 싶다는 간접적인 표현이기도 하다. 한솥밥의 개념을 안고 있는 식사보다 더한 무언가가 있다. 그것도 중후한 맛을 안고 있어 와닿는 감이 색다르다. 한 그릇은 부담스럽고 투박

하지만 커피 한 잔이 안겨다 주는 색감이나 양은 몸에 맞는 옷을 입은 듯 부담이 적다는 말로도 들린다. 하기는 껄끄러운 화두를 붙들고 상대를 기다리거나 만났을 때는 홀짝이는 작은 소리에도 말하는 이의 감정이 녹아 있기에 불편할 수는 있다.

판매업소는 늘어만 간다. 남녀노소를 막론하고 즐겨 찾는 등산로에서도 자판기를 쉽게 발견하게 된다. 우리 동네만 해도 부동산 다음으로 커피점이 많다. 밥은 안 먹고 커피만 먹어야할 것 같다는 이야기가 나돌 정도다. 매니아들이 많아지고 있다.

나름 상권이 좋은 곳이거나 구석지고 헌 곳에까지 장소에 대한 편식도 없다. 길목이 좋은 곳은 좋은 곳이라서, 후미지고 구석진 곳은 비록 발품을 팔아야하는 단점이 있는데도 거침없이 얼굴을 내밀고 있다. 특히 오가는 걸음들이 뜸해서 되겠냐는 곳에까지 볶은 커피색의 매장들을 쉽게 볼 수 있으니 말이다.

건물 하나를 몽땅 쓰는 곳도 흔하다. 그만큼 소비자들을 끌고 올 자신이 있다는 말이리라. 낮과 달리 밤은 그야말로 성도 그런 성이 없을 정도로 화려하다. 이슥한 밤 내도록 불야성을 이루는 곳도 많다. 그와 반면 한두 개의 테이블을 둔 곳도 있다. 혹여 들어가서 엉덩이를 빌붙이려면 눈치가 보여 드나드는데 부담스러울 수도 있건만 창업은 여전하다. 또 있다. 한 평 남짓 작은 귀퉁이를 빌려서 사갖고 가는 것만 허용되는 점포도 흔하다. 싼 가격이 매력인 그곳은 광고만큼은 뒤지지 않는다. 검은 악마의 유혹을 건물의 이마에 내걸고 거품까지 머금은 잔에 그윽한 찬사의 향을 넘치도록 담아내 주면서도 주저가 없다.

언제부터인가 내 커피 취향에도 변화가 생겼다. 집뿐만 아니고 사무실에서도 가까운 서랍이나 냉장고에는 여러 가지 커피가 있다. 그 중에서도 문제는 믹스 커피다. 중독된 것 같다. 더러는 못본 척하기도 한다. 그것이 힘들 때는 아예 커피를 먼 서랍에 넣어두면서까지 냉대를 하건만 며칠은커녕 곧장 찾게 된다. 특히 신경이 예민해져 있거나 피곤에 절어 있을 때는 달짝지근한 그 맛의 유혹에 넘어가 하루에 몇 잔을 마실 때도 있다.

원두커피가 그리울 때도 사실은 있다. 속이 더부룩하다든지 기름진 음식을 많이 먹은 다음에는 꼭 찾게 되니 말이다. 매번 그러했던 것 같고 그런 현상은 여전하다. 악마의 유혹이자 눈물이라는 무시무시한 이름을 안고 있는 그 커피가 이국 만리 동양인, 그것도 소시민에게까지 영향을 미친 결과이리라. 그러니까 이제는 커피가 그야말로 국제적인 입맛으로 통일되고 세상을 평정한 걸로 보인다.

커피는 고독한 이의 벗이자 환희에 들뜬 사람들의 반려자라고도 한다. 왁자지껄한 시장통의 수레에서 만나는 커피도 있지만 세상의 적막을 한아름 안고 있는 고즈넉한 곳의 탁자 위에서도 만난다. 후루룩 마시는 대상이기보다는 음미하고 사색하도록 한다. 산란한 머리를 정리해 주는 매개체의 역할도 한다. 그래서인가. 커피공화국의 매니아들은 지칠 줄 모르고 커피향을 찾고들 있다.

두 바퀴 세상 · 1
걸음마

 무릎의 딱지가 드디어 떨어졌다. 자전거를 배우면서 얻은 영광스런 흔적이다. 벌겋게 돋아난 새살이 자랑스럽다. 무릎에 생긴 흉터는 자전거를 배울 때 생겼다. 삼복더위에 배우러 다닌다는 이야기를 들은 이들은 낯설어 했다. 가만히 앉아 있어도 숨을 헐떡일 판에 대체 왜 그러냐며 묻는 이도 있었다.

 자전거 타기는 어릴 적부터 원했던 일이었기에 무리를 했다. 배우러 온 회원들의 나이는 30대 초반부터 60대까지 다양했다. 다들 목적을 안고 온 이유에서인지 열기는 뜨거웠다.

 첫날, 회장단을 조직해야한다면서 총무로 참한 청년이 뽑혔다. 이어서 대형 사고가 났다. 숨 돌릴 사이도 없이 옆에 앉은 나를 회장으로 선출하는 게 아닌가. 매몰차게 거부했다. 실은 휴가형 연수였기에 받아 들일 수가 없었다.

연수생들은 눈치가 없는지 호명해 놓고는 박수까지 쳤다. 동원된 박수 부대처럼 박자까지 맞췄다. 불평을 하면서도 그 상황이 이해는 갔다. 먼저 호명된 사람 이름자가 없어질세라 손뼉을 마구마구 쳤던 기억이 있어서다.

　그날은 그야말로 그물망에 걸린 생선 꼴이 되었다. 그들에게 마음의 호수에 물수제비를 던진 이유가 무엇이냐고 물었다. 돌아오는 답은 희한하고 얄궂었다. 원래 총무랑 회장은 소통이 되어야하는데 둘이 옆에 앉아서 조곤조곤 이야기를 나누는 것이 환상적인 조합으로 보여서 추천했다니 말이다.

　연수생들은 기막힌 이유와 어안이 벙벙해 있는 표정을 보고는 재미있어 했다. 배우는 것도 좋지만 적당히 농땡이도 칠 요량이었건만 그도 저도 못하게 되었다. 모범생의 운명이 또 시작이 되고 말았으니 어쩌랴. 그렇게 시작된 연수는 몇 십 년만에 최고 온도를 찍었던 날도 도로변에서 진행되었다. 덤프트럭들이 겁을 주는 도로 쪽에서는 속이 새카맣게 탔다.

　연수생들과 함께 보도블럭이 들쭉 날쭉인 인도 위를 가던 중이었다. 한참을 가는데 열 살 안팎의 아이가 맞은편에서 오고 있었다. 아찔했다. 아무래도 아이의 실력이 나아 보여서 보호자쯤으로 보이는 이에게 비켜서 가달라고 고함을 쳤다. 왼쪽은 왕복 10차선이고, 오른쪽은 인도와 나란히 가시덤불 숲이 조성되어 있는 곳이어서 호소를 할 수 밖에 없었다. 어느 쪽으로 넘어져도 사고가 날 수 있는 상황이자 실력이었다.

다급한 마음에 부탁했건만 아이의 부모는 웃기는 사람을 다 보겠다는 듯이 멀뚱멀뚱 쳐다보기만 했다. 그나마도 분위기 파악을 한 아이가 갓길로 아슬아슬하게 피해주었다. 덕분에 탈 없이 지나오기는 했다. 나중에 들은 이야기지만 뒤에 따라오던 연수생들이 우리 일행들의 성격을 설명해서 이상한 사람으로 오해까지는 받지 않았을 것 같다.

세상은 참으로 다양한 사람들로 이루어져 있다. 길 위의 두 바퀴족들을 위한 마음씀씀이만 봐도 그렇다. 폭군처럼 빽빽 소리를 내지르며 집안에 있지 왜 대로변으로 나와서 이 난리를 치냐며 호통 치는 사람, 시작이 반이니까 힘내서 완주하라며 차선까지 바꿔가며 여유 공간을 만들어 주는 친절한 이, 어디서 온 이들인지 궁금해 하면서 구경하는 사람, 엉키면 곤란하겠다는 생각으로 지레 피해가는 사람들 등 가지가지다.

한 걸음에 소원을 이룬다는 것은 그야말로 천운이다. 이렇다 하는 육상선수도 걸음마부터 시작했지 태어나는 순간부터 뜀박질을 하지는 않았다. 그렇다면 배우는 일에서의 걸음마를 허투루 보거나 창피해할 일만은 아니다. 완주를 위한 첫걸음이기에.

두 바퀴 세상 · 2
낙동강 오리알

자전거를 혼자 탈 정도의 실력이 된 어느 날이었다. 강사는 멀지 않은 곳에 연꽃단지가 있다면서 연수생들이 대답할 틈도 주지 않고 출발했다. 애초에 우리들의 허락은 기대도 안했던 것 같았다. 나를 비롯한 어수룩한 이들 몇 명은 맨 앞자리에 세웠다.

오가는 길목은 좁은 농로인데다가 울퉁불퉁한 흙길이라 만만찮았다. 특히 연습용 자전거의 핸들이나 브레이크가 내 마음대로 움직여지지 않아서 힘들었다. 그나마도 시멘트 포장로는 훤히 뚫려 앞사람이 보이니 의지가 되었다. 하지만 구불구불한 농로는 소신을 갖고 타라는 이야기만 믿고 내달릴 수밖에 없었다.

말이 달리는 거지 술 취한 취객이 따로 없었다. 뒤따라오는 이들의 눈치가 보일 정도로 비틀거렸다. 한참 가는데 강사는 제한

된 시간 안에 돌아올 수가 없겠다 싶었는지 고수들에게는 추월을 허락했다. 덕분에 숨통이 트였다. 따라오는 이들로부터 마음의 짐도 벗게 되었다.

가다 누가 따라 오는가 궁금해서 뒤를 돌아보았다. 앞을 보고도 난리치면서 험한 길 위에서 앞도 아닌 뒤를 훔쳐본 것이다. 순간 눈앞에 번개가 쳤다. 연밭으로 자전거와 함께 들어가고 만 것이다. 우둘투둘한 길바닥에 자전거 바퀴가 진 것이다. 다행히 가뭄에 메말라버린 연밭이 그나마도 품위를 지켜주었다. 아니면 옷 입은 채 머그팩을 할 뻔했다.

누가 볼세라 연밭에서 빠져나왔다. 그 순간, 강사가 갑자기 나타나더니 연밭에 왜 들어갔냐고 짓궂게 물었다. 아마도 연수생들을 이끌고 가다가 홀린 듯이 뛰어드는 것을 보고 날아온 모양이었다.

논개는 절개를 지키기 위해서 물속으로 뛰어들었고, 심청이는 아버지의 눈을 뜨게 하려고 임당수로 들어갔는데 귀하는 무슨 연유냐고 두 번째 질문 또한 걸팡지게 했다. 연꽃도 꽃이요, 내 이름자에도 꽃이 있어서 같이 놀려고 그랬다며 되받아쳤다. 무안해서다. 강사는 갖다 붙일 곳에 붙이라며 핀잔을 주었다.

그것뿐이면 좋았겠는데 또 있다. 금호강 주변의 자전거 전용도로를 주행할 때였다. 저만큼 앞에 차량진입을 막는 쇠말뚝이 보였다. 발견하는 순간부터 저 좁은 말뚝과 말뚝 사이를 어떻게 건너 갈 것인지 걱정이 앞섰다. 영 불안하면 자전거에서 내린 후 끌고 지나가면 된다. 하지만 가능하면 별일 없다는 듯이 자전거를 탄 채 멋지게 지나가고 싶었다.

두 눈을 질끈 감고 달렸다. 순간 별이 번쩍했다. 멀쩡하게 서 있던 쇠말뚝이 자전거를 향해 달려온 것이었다. 말뚝을 피한다고 피했는데 눈대중을 잘못해서 오히려 말뚝 쪽으로 내달렸던 것이다.

핸들을 꺾었지만 이미 때는 늦었다. 누가 오라고도 안했건만 도로의 구석진 곳으로 휙 날아가 뒹굴었다. 자전거와 쇠말뚝이 부딪치는 소리에 놀란 강사가 되돌아 와 또 안부를 물었다.

"모르겠어요. 쇠말뚝이 연수생 대표로 저를 공격하는 이유를요."

천천히 따라 갈 터이니 마음 놓으라며 별일이 아닌 척했다.

무덤덤하기만 하던 강사가 참았던 웃음보를 터뜨렸다. 연밭으로 들어가지 않나 쇠말뚝과 신경전을 벌이지 않나, 가지가지 한다 싶었으리라. 이런 일이 반복되자 강사들은 어느 순간엔가 부터 밀착감시했다. 종점에 닿아 바지통을 살짝 걷어 올렸더니 무릎이 피범벅이 되어 있었다.

강사들은 매번 불안 불안했을 줄 안다. 출발할 적에는 언제나 앞서 나가지만 일행을 놓치는 일에, 갖은 사고까지 수시로 냈으니 말이다. 그 결과 강사의 특별대접은 끝나는 순간까지 이어졌다. 어느 순간부터는 세련된 조교 연수생을 껌딱지처럼 붙여주기까지 했다. 민망했지만 단체에 피해를 안 주려면 그런 대접까지도 넉넉하게 받아들여야 했다.

덕분에 고난의 과정이었지만 낙동강 오리알 신세는 면할 수 있었다. 복더위에 씨 뿌리고 가꾼 결과였다.

두 바퀴 세상 · 3
간 키우기

 자전거 연수가 끝나갈 즈음이다. 강사는 연수생들의 간을 키울 요량으로 좁디좁은 도로로 내몰았다. 아스팔트의 가장자리에 그어진 노란선 안에 자전거 바퀴를 넣은 채 오가라고 했다. 바퀴가 겨우 지나갈 정도의 공간을 보는 순간 기가 찼다.

 휘청휘청하는 일이 수도 없이 생겼다. 연수생 중 몇 명은 자꾸만 뒤로 뒤로 쳐졌다. 결국은 주변의 격려에도 불구하고 기겁을 하며 되돌아갔다. 나중에 들은 이야기지만 체력이 바닥나고, 가도 가도 선두가 보이기는커녕 낯선 길만 자꾸 나타나 어쩔 수 없었다.

 도로주행을 포기하는 사람들의 모습은 충격이었다. 페달을 밟게 하는 자극제가 되고도 남았다. 걸을 때는 지나가고도 남을 그 공간이 왜 그리 좁던지. 오르막도 문제였다. 배운 대로라면 기어가 말을 들어야하는데 어떻게 된 건지 겉돌기만 했다. 다리에 힘을 올려 악으로 버텨도 앞으로 나가지지 않았다. 나중에야 안 사실이지만 기어조작이 미숙한 탓이었다.

인도에 바짝 붙여 페달을 밟는 건 그나마도 하겠는데 옆 차선으로 달리는 차들은 어떻게 해 볼 방법이 없었다. 제 차선을 따라가는데 못가게 할 수도 없었다. 그렇다고 차선을 침범해서 카퍼레이드하듯 할 수도 없고 난감했다. 뒤돌아 생각해도 무슨 정신으로 완주했는지 이거다 하고 정리해서 내놓을 수가 없었다.

낙오자 몇 명을 제외한 연습생들은 다들 힘들어 하면서도 무사히 종점에 닿았다. 강사는 몸도 마음도 단단히 무장해야 수료한 뒤에 이 운동을 계속하게 된다며 격려했다. 그러니까 겨우 걸음마하는 연습생들을 데리고 간 키우기 작전에 든 이유를 뒤늦게사 알려 준 것이다.

금호강을 가로지르는 연습도 있었다. 하필이면 물은 왜 그렇게 많은지, 왜 또 물풀이 우거져서 밑도 끝도 안 보이는지. 건너라는 말이 떨어지자마자 앞이 깜깜했다. 그것도 감수하겠는데 다리 위에서 차를 만나고 말았다. 발견하는 순간 다리가 움직여지질 않았다. 그렇다면 두 바퀴에서 내려 상대편 차가 지나가기를 기다리면 된다. 하지만 그것도 간단하지가 않다. 내려오다가 기우뚱하기만 하면 강물 속으로 첨벙 빠질 수 있다는 것이 또 문제였다.

　머리를 굴렸지만 방법이 없었다. 바들바들 떨며 기다리는데 다리에 난간까지 없다는 것을 발견했다. 이건 또 무어란 말인가. 그거라도 있으면 최악의 순간을 예방하는데 의지라도 되겠건만 갈수록 태산이었다. 만든 이들을 향하여 궁시렁궁시렁 욕까지 했다.

　따라오는 이가 있는지 뒤돌아 봤더니 다행히도 아무도 없었다. 제일 뒤에서 따라가고 있었던 거다. 할 수 없이 앞선 이들에게 천천히 가자고 부탁했다. 하기는 다들 똑 같은 옷을 입었고 깃대에 연습생이라는 표시가 되어 있었기에 운전자들도 비켜주었다. 덕분에 아슬아슬하게 다리를 건널 수 있었다.

　안도의 숨비 소리와 함께 건너편에 닿자 기다렸던 선발팀들은 격려의 박수까지 보내왔다. 뭐 대단한 일을 한 것도 아니기에 민망했다. 그런데 속 태우며 온 사람은 숨을 턱에 달고 간까지 졸이면서 왔건만 앞선 이들은 시간이 없다며 도망치듯 달아났다. 이와 같이 잡고 잡히는 게임을 하는 상황은 연이어 펼쳐졌다.

　자전거의 바퀴를 굴린 시간이 제법 흘렀다. 무수한 상처를 온 몸에 만들며 추억담 또한 차곡차곡 쌓여 갔다. 베란다에는 그런 흔적을 증명이라도 하듯이 새로 구입한 자전거가 늠름하게 서 있다. 산업도로와 논두렁 밭두렁, 난간 없는 다리까지도 이제는 자신 있다는 듯이.

　우리들은 두 다리를 의지하고 오간다. 걷는 것도 부족해서 뜀박질까지 한다. 승부의 세계에서는 그것도 부족해 입에 거품을 물며 몸을 학대할 때도 당연히 있다. 그런 우리가 자전거의 두 바퀴 위에서는 몸을 제어하는데 난감해 한다. 기어라는 도구가 있지만 초보들에게는 만만하지가 않다.

　다리의 힘줄이 당기는 오르막, 뒷목을 잡아당기는 듯한 긴장감에 휩싸이면서 짜릿한 경련까지도 경험하게 되는 내리막길은 생각할수록 힘든다. 세상도 그렇다. 그야말로 두 바퀴 위의 세상은 어디서든 만나게 되니 일희일비할 일이 아니다.

몸은 기억한다

눈을 뜨자마자 종아리를 만져본다. 이상하다. 일곱 시간 이상 산행을 했는데도 생생하다. 순간 몸에게 고마웠다. 그동안 딱히 운동할 시간을 내는 것이 힘들어 생활하면서 많이 움직이려고 노력했었다. 이제사보니 몸이 그 과정을 기억하고 있었나보다.

실은 영남 알프스 중 천황산에 오르기로 했다. 신불산과 백운산에 이어 두번 째 산행이었다. 남편은 원을 풀었다며 뿌듯해 했다. 지척에 있는 산이건만 시간이 녹록하지 않아 이제야 행동으로 옮기는 것이다. 이러구러 천황산과 재약산을 거쳐 사자대평원을 둘러본 뒤 출발지인 표충사로 되돌아오기로 했다.

산에 오르기 전, 피부결을 감싸고도는 바람이 봄날의 연정을 연신 보내왔다. 횡재를 했다는 생각이 들 정도로 상쾌해 오래도록 누리고 싶었다. 하지만 일정이 빠듯해 못본 척하고 강행군 했다.

얼마가 지났을까. 더운 기가 퍼지더니 목에 감은 스카프까지 배낭 속으로 집어넣어야 했다. 그것뿐만 아니고 장난 같은 일이 연거푸 생겼다. 천 미터 고지를 넘나들며 능선을 탈 때 쯤이다. 갑자기 빗줄기가 후드득 떨어지며 날씨가 변덕을 부렸다. 드디어는 안개와 함께 희뿌연 비구름이 우리를 감싸고 빙빙 돌기까지 했다. 손끝이 시리고 한기마저 느껴졌다.

천황이 우리 내외를 산의 정기를 훔치는 도둑으로 본 듯했다. 그래서 밀사를 보내 호통칠 생각이었던 걸까. 하기는 천황의 거처를 스틱으로 툭툭 치면서 손오공 행세까지 하였으니 죄목으로 치면 제법 커 보일 수도 있었으리라.

그런 가운데 세 시간여를 걸었을까. 드디어 사람의 목소리가 들리더니 천황봉의 정상 푯말이 속살을 드러냈다. 문제는 천황의 심술이 그곳에도 숨어 있었다는 거다. 바람의 숨결이 거칠어 표지석을 날려버릴 듯했다. 몸을 가누기가 힘들 정도였으니 말이다. 하지만 우리 내외는 체중계를 무서워할 정도로 몸무게가 나가는 편이기에 그나마도 완주할 수 있었다.

손 안의 카메라까지 이리저리 휘청하면서 취객 흉내를 냈다. 특히 남편은 사진 찍는 연습을 하는 것 같았다. 그러니까 내가 없는 곳에다 연거푸 셔터를 눌렀다. 바람으로 인해 본인도 마음대로 움직여지지 않는지 얄궂은 포즈까지 덤으로 보여 주며 개구짓을 했다. 뒤돌아보니 하루에 자연의 사계절을 압축해서 만나고 온 듯하다. 이것이야말로 산행에서만 맛볼 수 있는 묘약이 아닐는지.

천황산은 이웃에 있는 신불산 못지 않게 돌이 많았다. 공사 끝에 버려진 돌들이 엄벙덩벙 널브러져 있었다. 제각각인 돌들의 모습을 이리저리 맞춰보다 내 걸어온 모습과 견주어 보았다. 다듬어놓은 듯한 참한 돌길을 걸은 적도 있었다. 그와 반대로 모난 돌 정 맞는다는 말을 연상하게 하는 일 또한 많았다. 그렇게 혼자 생각에 젖어 흐느적거리며 내려오다 여러 번 삐끗했다. 빗물을 한입 가득 물고 있던 산길에서다. 중간 중간 다리 수술했던 기억을 떠올려주면서 보내는 경고 같았다.

다리를 씻는데 흉터가 선명했다. 한 쪽은 자전거를 배우다가 생긴 것이고, 다른 쪽은 예전에 했던 수술 흔적이다. 둘다 색바랜 문신처럼 길다랗고 굵다. 흉터는 주인이 몸을 사용설명서대로 관리했는지 아닌지 확실히 기억하고 있다는 거다. 선명하게.

지옥 체험

　　사무실에서다. 오늘 온 공문을 확인할 참이다. 사이트의 문을 열자 개학 연기로 인한 공문이 소나기처럼 내려와 있다. 문제를 해결하려니 어쩔 수가 없다는 건 알지만 기가 찬다. 일 년 동안의 일정을 짜놓으면 저쪽이 우그러들고, 그것을 해결해 놓으면 또 머리를 쥐어짜야 할 일이 연거푸 생기고 있다. 오늘도 그런 날 중의 하루다.

　　확진자 수가 백도 그냥 백이 아니라 천여 명을 눈앞에 둔 날이니 오죽할까. 컴퓨터의 공문방이 폭발하거나 인터넷이 고장 난 것이 아닌가 의심될 정도다. 순간 지옥이 보인다. 공문 제목이 모두 코로나19라는 문패와 이름표를 달고 있다.

　　이름도 낯선 바이러스로 인해 쩔쩔매는 현실은 공문 목록에 오롯이 담겨있다. 어쩌다보니 제목이 긴 것은 코로나19라는 앞

머리만 보여주고 꽁무니를 숨긴 채 호들갑만 떨고 있다. 내용도 처음부터 끝까지 부탁, 협조, 조심, 책임 등의 글씨들로 천근만근의 무게감을 전해준다.

난리다. 난리도 이런 난리를 본 적이 없다. 우한 폐렴이라는 단어가 익을 때 즈음해서 창씨 개명되었다. 처음에는 발원지 이름을 빌어 우한 폐렴으로 불렀다. 그런데 그것도 잠시, 지역명을 따는 것이 국제법을 위반했다며 신종 플루로 불려졌다. 그러던 것이 어느 순간엔가 부터 코로나19로 부르지 않으면 안되었다. 바뀐 이름의 잉크가 채 마르지도 않았는데 세 번째 이름으로 또 바꾸라고 야단이니 헷갈리기 그지없다.

혀를 차면서 공문을 한 줄 한 줄 읽어 내려간다. 온몸이 움츠려든다. 내용을 하나라도 빨리 해석하고 대책을 세워야하는데 연거푸 내려오는 매뉴얼은 혼선을 낳는다. 한참 분석하다 보면 어제 온 것과 달라진 것이 거의 없을 때도 있다. 그렇게 하루 종일 공문이 핵폭탄처럼 빼곡히 박힌 화면과 눈싸움을 한다.

초인종을 누르듯이 공문들을 열고열고 또 열다가 드디어는 할 말을 잊는다. 관리자와 최소 정예 요원만 남고 모두 재택근무를 시키라는 내용에서다. 도시를 파먹고 있는 전염성을 생각하면 늦었지만 방어벽을 치자는 의미리라. 외국으로부터의 유입을 막는 것이 기초이자 상식이건만 집안 단속에 열을 내고 있다 싶다.

항간에는 모기장을 열어 두고 모기를 잡는다고 비아냥거리기도 한다.

내부 메신저를 열고 방마다 체크를 한 후 직원들을 죄다 집으로 보낸다. 금족령도 한 손에 쥐어 보낸다. 소식을 접한 이들은 쫓겨나듯이 교문 밖으로 나가면서도 서로의 안위를 걱정한다. 예전 같으면 좋아라하고 갈 그 길이 한 번도 겪어보지 못한 산행길이요, 생각지도 못했던 퇴근길이라며 발걸음을 돌린다. 난들 그렇게 하고 싶지 않았지만 어쩌랴. 사회적 거리를 두는 것이 우리를 위하는 방법이니 말이다.

정예 요원만 남긴 직장은 정적이 맴돈다. 간간이 들리는 구급차 소리만이 동면하는 도시의 적막을 깨울 뿐 살아 있는 것이 없어 보인다. 단지 창밖의 수목과 그나마도 한가해 보이는 하늘의 구름들이 전부다. 지옥을 연상시키는 영화 속의 장면만 같다. 그렇게 시끌벅적이던 전화통마저 조용하다. 코로나는 전화통화로도 옮기는 건지. 급하게 쏘다니는 구급차 위에 누운 것이 아니라는 사실을 위로로 삼는다.

혼자다. 철저히 혼자다. 그동안 교재원을 헤집어 놓던 길고양이들, 겁도 없이 교문 앞을 서성이며 들어오려고 호시탐탐 기회를 노리던 길 잃은 개들조차 보이지 않는다. 사람도 차들도 어디로 숨어들었는지 모를 일이다. 다만 시커먼 아스팔트의 허허로운 생얼굴만이 이 상황의 긴박함을 대신 말해줄 뿐이다. 무섭다. 도시의 적막이 두렵다.

어제도 오늘도, 아니 며칠째 사람들의 흔적만 있는 복도를 걷고 있다. 사람들의 손때가 묻은 문의 손잡이도 보고만 있다. 연거푸 소독을 하느라 비릿한 냄새마저 나는 것 같다. 코로나 때문에 소독약 폭탄세례를 해서다. 순간 드라마에서 본 지옥이 떠오른다.

혹자는 인류 최대의 발명품을 지옥이라고 했다. 이 단어는 일상생활에서도 흔히 쓰이고 있다. 또한 천당과 반대되는 의미다. 다들 피하고 싶어 하는 곳이기도 하다. 이러하니 최대의 발명품이라는 말에 고개를 끄덕이게 된다.

골목으로 나서 본다. 걸개그림과 글씨들이 발목을 잡는다. 손 씻어라, 마스크해라. 기침 예절을 지키라는 내용들로 거의 도배가 되어 있다. 현수막은 잡다한 문구들을 문신처럼 새긴 채 매달려 있다. 하기는 덕 되라고 하는 말이지만 우리를 어린아이 취급은 확실히 한다. 그렇지만 그 사악한 괴질이자 바이러스가 지구촌의 프라이팬을 달군지 몇 달째이다 보니 문구에 대하여 시시비비를 따지는 이들은 없다.

출근길에는 길고 긴 줄을 만날 날 때가 많았다. 그 꼬리를 따라가니 우체국 앞이다. 마스크로 얼굴을 꽁꽁 싸맨 채 골목으로 꼬리를 감추고 있다. 다들 몇 장의 마스크를 손에 쥐려고 나온 이들이다. 언제부터인지 모르지만 새벽에 마스크를 사기 위해 종종걸음 했다는 것은 방송에서 보았다. 어떻게 하다 이 지경이 되었다는 말인지 허망해서 몸 둘 바를 모를 지경이다.

이런 현상들은 전 국민의 패션을 지옥행으로 가는 길에서나 볼 수 있을 법한 모습으로 만들고 말았다. 혼수품으로 마스크가 있는 사람이 값을 올리고 있다는 말까지 있으니 서글프다. 졸지에 마스크를 신주단지 모시듯 하며 살고 있다는 말이다. 상황이 이러하다보니 날마다 여러 가지 방법으로 지옥을 체험하게 된다.

퇴근 후 현관 안으로 들어서니 마스크 두 장이 몸값을 올리고 있다. 남편이 우산을 들고 이곳 저곳으로 날아다니면서 구걸하듯이 사온 것이라고 한다. 달랑 두 장의 마스크로 안사람과 자식들의 입을 가려주겠다는 심정은 이해가 되지만 분노가 치솟는다. 겨울 비 추적추적 내리던 날 내 옷을 지켜주는 우산보다 못한 곳이 이곳인가 싶어서 쓴웃음마저 나온다. 남편이 사온 두 장의 마스크가 천근만근 이상의 무게감을 느끼게 한다.

남자들의 교가

요즘 등산에 익숙해지고 있다. 남편의 동기회에서 매달 나가는 산행에 따라붙은 거다. 처음에는 망설였지만 하나 둘 익어가는 얼굴들 덕분에 이제는 기다려진다. 다들 산등성이를 휘돌아 올라가느라 숨이 턱까지 차올라도 웃음 띤 미소들이 정겹다. 간혹 돌을 잘못 밟아 무릎에서 뼈 소리가 나도 빠지지 않으려고 노력하는 열성 참여자도 많다. 이는 연간 계획 등을 곶감 엮듯이 올망졸망 만들어내는 회장단 덕분이다.

첫 나들이가 기억난다. 이날은 총동창회와 함께 진행되었다. 사회자가 무어라 안내하자 남자들은 일제히 일어났다. 나도 놀란 토끼 눈이 되어 엉거주춤 따라했다. 그들은 반주에 맞추어 주먹진 팔을 위아래로 격하게 흔들었다. 머리띠만 두르면 데모대였다. 선 굵은 화음은 산허리를 거침없이 돌았다. 다들 가사 하나 헝클어지는 것이 없고 강약에 리듬까지 탔다. 옆 사람에게 슬쩍 물었더니 남자들의 고등학교 교가라 했다.

　산은 울려 퍼지는 노랫말이 당당했다. 모진 세파에도 이길 수 있는 비장의 무기를 한 아름 선물 받은 덕이리라. 그런저런 감흥에 젖어 있는데 형체를 알 수 없는 기가 느껴졌다. 특히 티끌이 눈에 든 것도 아니건만 두 눈을 뜰 수가 없었다. 눈물 때문이었다. 남들이 눈치챌까봐 후다닥 평정심을 찾기는 했다. 인생 2막이 시작된 그들과 추억을 공유하고 있다는 생각이 들어서였다.

　송년의 밤 연주회가 있던 날에도 그들과 함께했다. 말쑥하게 차려입은 중년의 내외들은 동서양의 음악과 함께 신년을 맞았다. 자정을 부르는 카운트다운이 시작되었다. 그 소리에 맞춰 시계바늘이 새해를 알려 주었다. 곧 이어 다들 약속이나 한 듯이 주변에 앉은 이들에게 덕담을 건네고 따뜻한 눈인사까지 나누었다. 타종식은 대형화면을 통해 원격으로 경험했다. 천정에서는 하늘의 소리를 전하려는 듯 꽃비가 내렸다. 노오랗고 하얀 풍선들은 새해의 바람들이 식을세라 모인 이들의 가슴 가슴에 가 안겼다.

　이어진 뒤풀이는 새벽 두 시 경 커피전문점에서였다. 일행은 타원형으로 자리 잡은 뒤 세월의 이치와 삶의 지혜들을 도란도란 나눴다. 덕분에 들떴던 분위기는 새해 벽두의 출발점답게 중년의 품위를 지켜주었다. 얼마가 흘렀을까. 눈꺼풀이 무거워진다며 누가 먼저랄 것도 없이 우두둑 일어섰다. 연이어 헤어질 때마다 불렀던 노래, 그 교가를 또 시작했다. 선동하거나 분위기를 연출하는 이 없건만 당연히 해야 할 의례처럼 펼쳐졌다.

새해가 문 연 꼭두새벽의 교가는 전사들의 각오이자 함께 헤쳐 나가자는 암시로 다가왔다. 또 있다. 두려움과 공포에 대한 방어이면서 하늘을 향하여 새로운 시대를 고하는 의식과도 닮아 보였다. 그날도 여전히 처음 동행했던 산행에서 눈을 뜰 수가 없었던 것과 비슷한 전율과 감흥이 보풀보풀 올라왔다. 그것뿐만 아니고 남자들의 펄펄 끓는 청춘으로 보여 부러웠다.

알고 보니 주름살 세대인 남자들의 교가 부르기는 행사 때마다 있었다. 경험과 추억은 거슬러 올라가 억지로 만드는 것이 불가능하기에 공유한 자들만이 누릴 수 있는 특권으로 보였다. 여운이 진하게 남을 수밖에 없는 이유이기도 했다.

갈수록 일기예보를 살펴보게 된다. 이렇게 모든 일정을 당일 날의 예보에 의지한 지는 꽤 되었다. 특히 동기회에서 등산을 가는 주에는 더하다. 그러다보니 산행이 취소되었다는 연락은 반갑지가 않다. 다리의 근육이 없어지고 팔다리의 살들이 늘어져 구름다리처럼 된다 해도 그 남자들의 교가를 들으러 갈 생각이다. 옹알이 같은 목소리를 듣게 될지언정.

희망 / 41×32 Oil on Canbas

불안감이 핵폭탄 급으로 밀려왔다. 예전 같지 않은 길거리의 모습에 넋을 놓고 종종걸음으로 돌아오는데 갑자기 건장한 남자의 목소리가 들린다. 그놈을 조심하라는 말 일색이다. 그놈이 세상을 덮쳤으니 스스로 자가 격리에 들어가라고도 한다. 아마도 주민자치센터에서 들려주는 말 같다. 그 말을 듣다하니 어제 같은 일상이 그리워졌다. _그놈 중에서

2부

- 폐허를 사다
- 그놈
- 된장녀
- 남자
- 말
- 부실공사
- 서바이벌 게임
- 안면보호구
- 요리 춘추전국시대
- 후반전
- 탐라의 선물
- 지킴이를 찾아서

폐허를 사다

지인이 아파트를 구입했다고 한다. 쉰이 넘도록 독신을 주장하던 그녀의 결정은 의외다. 아파트는 오랫동안 부동산 점포의 유리창에 껌딱지 처럼 붙어서 호객행위를 했던 매물이었다. 리모델링 공사는 재력이 없는 집주인 대신에 어느 부동산의 사장님이 맡아서 하고 있었다. 그녀가 현장에 갔을 때는 그야말로 폐허에 가까웠다고 한다. 널브러진 자재와 교체를 기다리고 있는 각종 부품들로 산업현장 같았던 모양이다.

주변인들은 그녀를 말렸다. 하지만 본인은 문제를 문제로 보지 않았다. 대신 집과의 첫 대면이 편안했다며 고집을 피웠다. 드디어는 고갯짓을 하는 주변인들의 만류도 뿌리치고 잔금까지 지불하고 말았다. 나중에 들은 이야기지만 가족들의 집요한 방해공작까지도 물리쳤다고 한다. 그 결과 차분한 색으로 마감한 뒤에 입주했다.

　생각해보면 귀찮을 수 있는 작업이요, 안 해도 되는 고민과 과정을 사서 고생한 그녀의 선택은 수수께끼다. 집과 어떤 상관관계가 있기에 더 좋은 조건까지도 흘려보내고 낡은 아파트를 풍선 가격으로 구매했는지 알 수가 없다. 비교가 안 되는 조건으로 나온 집들도 있었기에 하는 소리다.

　그녀는 사람들의 빈정거림과 세상물정 모르는 아이 대접까지도 기꺼이 받아 넘겼다. 마주 앉아 있기만 하면 공사 관련 이야기를 뜬구름 잡듯 신명나게 했으니 말이다. 그것뿐만이 아니다. 공사 업자들과의 협상과 소통의 과정에 있었던 각종 이야기들도 신명나게 풀어냈다. 입에 침이 마를 틈이 없을 정도로 집이 만들어져 가는 과정을 중계방송도 했다.

　평소의 그녀는 나로부터 어른 대접을 처음부터 받지 못했었다. 어느 것 하나 마음에 드는 부분이 없다며 새카만 후배 대하듯 곧잘 탓했었다. 그와 반면 비가 오면 비가 와서 걱정했고 눈이 오면 눈이 온다고, 더우면 더워서 신경이 쓰였던 싱글이었다. 되돌아 생각해보니 직장에서 만난 사이에 불과하건만 내 생활에 그녀의 일상사를 턱 얹어 놓고 보호자 아닌 잔소리꾼으로 임했던 것 같다.

　그런 그녀의 결정이다 보니 한층 더 불량품을 보듯 했었다. 왜 더 좋은 조건의 많고 많은 집들은 두고 굳이 허무한 집을 택했더란 말인지. 이런가 저런가 하다 그녀가 혹시 그 집을 본인과 동일시한 것은 아니었나 생각하게 되었다. 그러니까 헌 아파트가 본인이요, 집이 수리되고 완성되듯이 자신을 완성해 나가고 싶다는 의욕이 잠재되어 있었던 것은 아니었을까. 비록 낡은 아파트지만 열려있는 일반주택과 달리 눈 안에 들어오는 공간은 그녀에게 편안하게 다가갔으리라.

본인의 그릇에 비해 일반 주택은 손길을 필요로 하는 곳이 너무 많아 감당하기에 벅찼을 수도 있다. 하지만 그 아파트는 그런 막막함에서 숨구멍이 되어 주었을 것 같다. 이도 저도 혼자 생각일 뿐 아직까지 의문투성이이자 추측일 뿐이다.

사람도 매 한가지다. 사람에 따라서 차이가 있기는 하지만 너나없이 유리 재질같이 매끄러운 사람을 가까이 하기란 쉽지 않다. 그런 사람들에게는 흔히 한 점의 티도 용납이 안 될 정도로 완벽주의자들이 많다. 그러다보니 드나드는 이들은 내 몸에 붙어 있거나 묻어 있는 티가 혹여 상대방의 몸에 나붙기라도 한다면 낭패라는 생각이 들게 될 것이다. 그래서 부담스럽다는 거다.

새옷을 구입하고 좋아라 하는 것은 누구든 똑 같다. 새옷은 싱싱하고 건강한 씨실과 날실의 조직이 특유의 신선함을 안겨준다. 하지만 헌옷처럼 만만한 구석은 없다. 헌옷은 편안하지만 옷을 이루고 있는 실들이 풀 죽어 윤기는 없다. 고유의 색상 또한 시간이 흐를수록 탈색이 된다. 나중에는 윤기를 잃게 되고 탈모 현상까지도 갖고 온다.

그럼에도 불구하고 헌옷과 오래된 옷에 손이 자주 가고 즐겨 입게 되는 경우가 많다. 말도 안 되는 이야기지만 포대 같은 옷 일지언정 옷 안에 육신을 밀어 넣는 순간 편해진다는 거다. 굳이 남에게 보여줄 이유도 필요도 없는 경우에는 더하다. 그런 이유로 버리지 못하고 옷장 속에 쟁여 넣는 알뜰파도 실은 많다. 그녀의 집도 그러하지 않았을까.

집은 그야말로 삶의 기록이자 기억이다. 또한 사는 이들과 함께 나이 들어가는 친구 같은 존재다. 하물며 그런 생각이 철저했던 그녀였기에 새로 지은 집보다는 삶을 덧대고 보태가던 그 집에 눈길이 갔을 줄 안다. 오랜만에 찾아가 말쑥하게 차려입은 집을 보고 있다. 그녀의 결정은 명작으로 우리를 맞는다.

그놈

그놈이다. 그놈이 나타났다. 그놈은 골목대장으로도 성에 안찼는지 도시를 하나 둘씩 제 손 안에 넣고 있다. 사람들이 공포에 질려 방안 깊숙이 숨어들었는데도 물귀신처럼 엉겨붙어 숨통을 조인다. 강풍을 만난 산불처럼 이쪽저쪽으로 날아다니기까지 한다. 대량 학살의 둑이 터진 것 같다. 괴력에 신기까지 갖고 있으니 난감하다.

철저히 제 몸을 가린 그놈은 누구의 눈에도 보이지 않는다. 사람들은 구멍 난 방패를 든 채 겁에 질려 숨소리도 못 내고 있다. 그러다보니 그놈의 간은 커질 대로 커졌다. 이 집 저 집의 담을 넘어 다니며 공포놀이 중이다. 우리가 혼쭐이 나고 있는 것을 비웃으며 밤낮 없이 돌아다니는데 지칠 줄도 모른다.

도둑도 그런 도둑이 없다. 물건 도둑이면 재수가 없어서 그렇다고 넘어 가면 된다. 하지만 그게 아니다. 그놈의 목적은 남의 생명을 훔친다는 거다. 탐내는 대상에도 남녀노소가 없다. 사악한 흉악범에 요괴들이 하는 짓을 순식간에 해버린다. 그야말로 해괴망측하다.

그놈은 이제 국경도 무시하고 넘나든다. 도시가 점령되었다는 소식을 접한 지 불과 며칠이 지났을 뿐이건만 지구촌의 대재앙으로 자리도 잡았다. 드디어는 나라들마다 문을 꽁꽁 걸어 잠갔다. 오지마라고 저렇게 강하게 나오는데도 들은 척도 안한다. 아예 들을 생각 자체가 없어 보인다. 그새 콧대가 태산보다 높아졌다.

이름도 세 번이나 바꿨다. 우한 폐렴에서 시작해 신종플루, 또다시 코로나19로 자리 잡았다. 몸집을 키우고 몸값까지 올리며 잔머리를 굴리는데 여념이 없다. 꼼수를 부리는 건 가관이다. 신기 있는 무당의 춤사위를 보는 것 같다. 그 결과 굿판이 끝나지도 않았는데 그놈의 유흥비를 대려니 어마어마한 예산이 든다고 한다. 조용히 와서 달라고 하면 될 일을 형체도 없이 다가와 무슨 협박질인지 알다가도 모를 일이다.

그놈이 병들게 한 환자 수는 시를 다투며 늘어나고 있다. 다들 그놈의 심술보를 건드린 죄목이다. 사람들이 그놈에게 들킬까 조심했는데도 불구하고 병실이 부족해 입원을 못하거나 집집이 격리되어 있다. 그 수는 시간대 별로 늘어나는데 정확하게 알 수가 없다. 단지 하루 종일 들리는 구급차 소리로 감 잡을 뿐이다. 이제는 환청이 들릴 정도다. 그 소리가 이 정도로 난다는 것은 오늘도 그놈이 괴롭힌 사람들이 많다는 말이다.

 방역에 구멍만 안 났더라도 이런 혼란은 없었을 거라는 불평이 터진다. 여기저기에서 전문가들이 쌓아두었던 경험과 지혜의 보따리를 던져 주어도 듣지 않는다. 결국에는 옹고집에 똥고집을 부리다 시기를 놓쳤다. 급기야는 조 단위의 예산을 마구 퍼먹이자는 포퓰리즘의 비상카드까지 나왔다. 용광로처럼 끓어 오른 민심을 잠재우려니 어쩔 수 없으리라. 이런 모습에 많은 사람들은 어설프고 굼뜬 관계자에게 삼류라며 원색적인 질책을 한다.

 그놈은 민심이 흉흉한 틈을 비집고 들어 물 만난 생선처럼 설쳐댄다. 원래도 호락호락한 놈이 아니었지만 사람들이 싸움질까지 해대는 통에 너끈하고 호탕하게 고삐 풀린 망아지가 되어 독 씨앗을 뿌리고 다닌다. 난도질하는 재주가 남다르다보니 힘 안 들이고 제 세상을 만들고 말았다.

 마스크로 얼굴을 푹 덮는다. 그것도 부족해서 콧잔등을 한 번 더 눌러 주저앉힌 뒤에 사무실 밖으로 나간다. 그놈이 온 뒤로 생긴 버릇이다. 골목에는 허연 천들이 두 팔을 벌리고 대롱대롱 매달려 있다. 대로변의 신호등 기둥에 걸려 있었던 것과 비슷한 현수막이다. 그것에는 약속이나 한 듯이 그놈을 조심하라는 말과 물리치는 방법들이 빼곡하다. 그놈을 예방하는 방법으로 손 씻기와 팔소매로 가리면서 기침하기, 마스크 사용은 필수라는 말들이다. 초등학생도 아는 위생규칙들이라 헛웃음이 나올 지경이다.

  회색빛 도시는 숨을 죽이고 있다. 그놈의 횡포를 다시 한 번 확인하는 순간이다. 어쩌다 사람을 정면에서 만나기라도 하면 민망할 정도로 놀라며 피한다. 이때도 누가 누구를 피했는지 정확하게 말하기는 곤란하다. 상대방이 혹시 그놈에게 영혼까지 빼앗긴 것이 아닐까 의심하다보니 생긴 몸의 반응이니 어쩌랴.

  불안감이 핵폭탄 급으로 밀려온다. 예전 같지 않은 길거리의 모습에 넋을 놓고 종종걸음으로 돌아오는데 갑자기 건장한 남자의 목소리가 들린다. 그놈을 조심하라는 말 일색이다. 그놈이 세상을 덮쳤으니 스스로 자가 격리에 들어가라고도 한다. 아마도 주민자치센터에서 들려주는 말 같다. 그 말을 듣다보니 어제 같은 일상이 그리워진다.

  직원들의 안녕이 궁금해 전화를 건다. 개인 폰이 아니라 집 번호로 찾아 든다. 재택근무를 하고 있는지, 자가격리 중인지 확인한다는 말에 다들 짧은 탄식을 보내 온다. 집에 갇혀 있는지 확인하고 발목을 다시 한 번 더 묶어야겠다는 생각이었지만 성인을 못 믿는다는 것이 미안하기는 하다. 하지만 이 지옥 같은 현실이 끝날 때까지 얼굴에 철판을 깔기로 한다. 그놈으로부터 우리를 지키기 위해서 80노인이 60아들한테 차 조심하라고 하듯 악역을 할 생각이다.

  오늘의 이 현실이 한 번도 경험해 보지 못한 삶의 완성일는지. 자조 섞인 질문을 던지면서 다음 집으로 전화 건다. 그놈으로부터 몸과 마음의 방역을 또 다시 당부하기 위해서다.

된장녀

멸치와 다시마, 새우를 넉넉히 넣고 육수를 만들었다. 된장찌개를 만들기 위해서다. 된장에 대한 향수가 많다보니 식탁에 자주 올리는 편이다. 각종 양념과 함께 애정까지 듬뿍 넣었더니 가족들은 흡족해 한다. 특히 오랜만에 자리한 아들은 입맛이 살아난다며 극찬이다. 매콤한 걸 다들 좋아하기에 청량고추를 썰어 넣었더니 미각뿐만 아니라 후각까지도 만족스럽게 한 모양이다.

어릴 적 친정집 상 위에서도 된장찌개는 동그맣게 앉아 있었다. 부족한 영양분을 얻으려는 지혜였으리라. 하지만 우리 형제들은 어른들의 사정은 알 바 없다는 듯이 그저 인스턴트 음식에 목을 맸다.

식사를 하던 중 된장녀에 관한 이야기가 나왔다. 고추장 간장

등과 함께 발효식품의 대명사이자 전통식품인 된장이 평가절하가 된 사연이 궁금했다. 무슨 뜻인지 물었더니 최신 유행어를 아직 모르냐는 화살이 날아왔다. 감각이 무디다는 말이다. 아마도 비아냥거리는 뜻이 숨겨져 있는 것 같다고 했다. 그제야 개념 없는 여자들을 부르거나 여자를 함부로 말할 때 사용하는 저속한 말이라고 가르쳐준다. 또한 '젠장' 이라는 말이 비화되고 발전하여 된장녀가 되었다는데 쓴 웃음이 나왔다. 도저히 고개를 끄덕일 수가 없었다.

우리나라는 발효음식의 종주국이라 해도 지나치지 않을 정도로 종류가 많다. 그 중에서도 장류가 으뜸이다. 된장은 간을 해독해 준다. 니코틴 독을 분해하며 항돌연변이, 항암작용에 콜레스테롤 수치까지 낮춘다고 한다. 그야말로 건강식품의 대명사라 할 수 있다. 또한 숙성하면 짠맛이 적어지고 단맛이 돌면서 소화흡수가 잘 되다 보니 여지껏 사랑을 받은 것 같다.

된장은 우리들이 세계의 반석 위에 오르는데 집사 역할을 톡톡히 했다. 사정이 이러한데도 불구하고 전통식품의 맏형격인 된장이 허접한 대접을 받아서야 될 일이던가. 특히 된장에게 여자라는 꼬리표를 붙이고 몰매까지 치는 것은 부끄러운 일이다. 근래에는 기계적인 된장과 함께 된장의 족보와 관계가 없는 일본장을 찾는 이들도 많다. 심란하다. 세월 따라 입맛도 변하였다고 편하게 생각해야할는지.

　신문에서도 생각이 같은 한 사람을 만났다. 007영화의 자막에 된장녀라는 말이 번역되어 있었던 모양이다. 그는 영화의 성격상 짧은 시간에 깨알 같은 재미와 함께 의미를 전달하려는 의도는 이해했다. 하지만 싸구려 유행어를 거침없이 사용한 것에 대하여 불편해했다. 동지를 만난 것 같아 반복해서 읽었다. 많은 사람들을 만족시킬 방법이 없었겠지만 좀 더 세심하게 배려했으면 좋았겠는데 아쉬웠다. 물론 누구나 잘못을 하고 산다. 하지만 멀쩡한 단어에 여자라는 특정의 성을 붙여 비하하고 있는 현실은 생각해 볼 일이다.

　냉정하게 생각해보면 세상의 반을 차지하고 있는 당사자들에게도 문제가 많기는 하다. 상황에 따라 다르겠지만 어렵고 힘든 일 앞에서는 약한 여자입네 하면서 뒤로 빠지는 일은 볼썽사납다. 또한 남자를 역차별 하거나, 여성이라는 이유로 남자 등에 기대어 살면서 자신이 원하는 것은 기어코 손에 쥐고마는 화성인과 같은 이야기들 앞에서는 목소리에 힘이 빠진다.

　된장녀라는 말이 사회심리학적인 문화 코드에서 태어난 단어라 할지라도 된장이 더 이상 오물을 뒤집어쓰거나 된서리 맞는 일이 없어야 할 텐데.

남자

소름이 돋았다. 곤충들의 세계에 숨겨져 있는 비밀을 다룬 칼럼을 읽던 중이었다. 특히 사마귀 이야기에서는 긴가민가했다. 암컷은 수컷이 내놓은 머리통에 입을 박는다고 한다. 골수를 빨아 먹기 위해서다. 수컷은 피할 만도 하건만 튼실튼실한 후손을 얻기 위해서 제 몸을 공양한다니 기가 막혔다. 비록 수컷의 행동이 종족을 유지하기 위한 본능이라고는하나 믿고 싶지가 않았다.

언제부터인지 우리 주변에서도 남자들에 대한 생각들이 평가절하를 넘어 절벽에 내리꽂고 있다. 특히 주부들 모임에 회자되고 있는 이야기들은 혀를 내두르게 한다. 남편들이 이사 갈 때도 이삿짐센터 차량의 조수석에 몸 부피를 줄여서 앉은 뒤 꼼짝도 안한다고 한다. 떼어놓고 갈까봐 걱정한다는 말이다. 그 외에도 이야기 속의 남자들은 죽은 여인들의 한이 덧씌워진 듯 하나같이 졸라맨 수준이다.

전업주부들까지 남편의 식사수발에 반기를 들고 돈만 벌어주는 기계 정도로 보는 경우가 많다고 한다. 돈은 받으면서 식사 등 집안의 일들은 하지 않으려 한다는 말이다. 남편들이 집에서 챙겨 먹는 식사 횟수에 따라 호칭이 다르다는 이야기는 고전 중의 고전이 되었다.

이와 같은 현상은 근육에서 우러나오는 힘이 절실히 요구되던 농경시대가 지나고 보니 그들의 가치가 평가 절하된 탓이기도 하다. 또한 이런 유의 이야기들이 넘쳐나는 것에 곱지 않은 시선이 가는 것은 아들을 가진 입장이어서 더한 것 같다. 솔직히 아들이 받을 대접이 지레 걱정되어 사포에 맨살이 스친 듯 놀랄 때도 많다.

입으로 무슨 말인들 못할까마는 이제는 과하다 싶을 정도로 남자라는 이름이 말장난의 소재가 되고 있다. 이 또한 편집증이요, 편협된 사고가 낳은 결과인 줄은 안다. 하지만 우스갯소리의 주인공이 되어 버린 상대방의 인격은 어디 가서 찾을 것인지 입맛이 쓰다.

뇌는 참으로 단순하다고 한다. 한 번의 비아냥거림이 두 번 세 번 반복되면 그것이 자연스러운 일인 양 받아들일 정도로 어리

석기까지 하니 걱정이다.

　역사 속의 선인들 중에도 외로운 남자들이 많았다. 멀리는 세계 평화를 위하여 내 몸을 던진 걸출한 위인들도 있다. 작게는 우리 민족의 미래를 염려하고 걱정했던 애국투사들의 이름이 떠오른다. 그들은 본인 앞의 시간들을 타인지향의 삶으로 엮어내는데 망설임이 없었다. 내 몸 건사와 가족을 염려하기보다는 더 큰 뜻을 이루기 위하여 거친 파도도 마다하지 않았다. 가시덤불까지도 비단 이불로 생각하면서 오늘이라는 건물을 올리는데 기여했다.

　그들은 산천을 오가며 없던 길을 만드는데 선봉장이었다. 고개를 숙이게 되는 이유다. 특히 이타심이라는 명찰을 가슴 깊숙이 매단 희생은 역사 연대표에 처절하게 녹아 있다. 하지만 남자는 남자로 태어났다는 단지 그 하나의 이유로 대접 위의 대접을 받은 역사 또한 있기는 했다. 모르긴 몰라도 그 긴 역사에 대한 대가를 이 시대의 남자들이 받는 것은 아닐까라는 생각이 들기도 한다.

　사정이 어떠하든 지나친 남성 위주의 좌편향이나 여성 위주의 우편향과 같은 말꼬리 잇기 게임은 그만 보고 싶다.

말

말은 여러 기관의 도움을 받는다. 그중에서도 혀의 역할은 절대적이다. 특히 혀는 입안에 세워진 감각의 전령사이기도 하다. 혀가 의사 전달도 하지만 맛을 감별하기 때문이다. 이렇게 중요한 역할을 하는 혀와 관련된 이야기들은 길에 깔릴 정도다. 종이색이 누렇게 변한 고전으로부터 최신 책자들에까지 시나브로 나온다. 말을 잘 하기가 쉽지 않다는 이야기리라.

KGB와 CIA, FBI라는 세계적인 정보기관도 말과 혀에서 자유로울 수가 없다. 이 기관들은 자국을 비롯한 지구촌의 기밀까지 두 손에 쥐고 있다. 그러다보니 철통같은 보안이 생명이건만 주요 정보를 입안에 가둬두기가 어려웠던 걸까. 종종 혀를 잘못 다룬 조직원들로 인해 망신당하기도 한다. 그런 이야기들이 영화의 포스터로 나붙고 있을 정도니 말이다. 특히 철통같이 믿었던 아군이 알고 보니 이중간첩이자 첩보원이었다는 이야기는 주인공만 모르지 관객들은 모두 알고 있다.

대부분의 사람들은 정도의 차이가 있을 뿐 말이 씨가 된 경험들이 있다. H도 그중 한 명이다. 하루 종일 H와 연락이 안 된 적이 있었다. 집 전화와 휴대폰도 돌부처가 되어버린 건지 돌아오는 답이 없었다. 답답증이 났다. 아침부터 찾았건만 해질녘이 되고서야 목소리를 들을 수 있었다. 헤매고 다니면서 감정을 삭였던 모양이다.

들은 이야기를 죄다 잊어버리라 했지만 받아들일 생각이 없어 보였다. 잊어야만이 호흡하기가 수월하다고 닦달도 했다. 하지만 생명수처럼 지키고 살던 자존심에 멍이 들었다며 연거푸 도리질 했다. 내도록 그녀의 생각을 되돌릴 무기가 없어 안타까웠다.

H는 솔직히 일 욕심이 많은 편이다. 본인에게 주어진 일이라서 하고, 그것도 부족하면 찾거나 만들어서까지 했다. 특히 낯선 프로젝트가 생겨도 해결해 가는 과정을 즐기는 편이다. 그러면서 자신이 만들고 낳은 결과를 보람으로 여겼다.

알고 보면 직장이나 주변사람들을 거드는데도 선수다. 오지랖이 넓다면 넓은 장삼이사다. 이 사회가 비록 거짓부렁이 넘쳐난다 해도 발전하는 힘은 소리 없이 거드는 그런 사람들의 덕이라는 생각을 하게 하는 장본인이기도 했다. 그러다보니 H는 퇴근 시각이란 것을 잊은 지 오래다. 일을 할 수 있어서 좋고, 여건이 되어서 다행이라 생각하니 말이다. 그러다보니 가정사도 순간순간 내려놓은 채 하루하루 워크 홀릭이 되어 갔다.

어느 날, 상사는 들고 들어간 내용을 훑어보더니 별걸 다한다는 식으로 군지렁거렸다. 일을 대충하라는 말이었다. 이 말은 곧 한 해 동안 이룬 성과와 평점은 별개이니 너무 안달복달하지 말라는 뜻이기도 했다. 당연히 H로 인해 직장의 위상이 올라간 것에 대한 인정은 구경할 수가 없었다. 물론 그 말을 들으려고 수족을 움직였던 것은 아니지만 섭섭했다.

H는 들은 말들로 인해 무안했지만 마지막 지푸라기를 잡는 기분으로 이동을 부탁했다고 한다. 하지만 차선책으로 건넨 그 이야기조차 청탁이라면서 일언지하에 말문을 닫더라며 울먹였다. 비록 상사가 앞장서서 알아봐주기를 기대했던 것은 아니었다. 하지만 들은 말들로 물먹은 낙엽과 같았다라는.

그러다보니 사무실 문을 닫고 나왔는지조차 기억이 없다며 훌쩍거렸다. 농 어린 말이니 훌훌 날리라고 훈수를 두었다. 하지만 말들이 진드기처럼 들붙어 하루하루가 탱자나무 덤불 사이를 지나가는 것 같다고 했다. 바윗돌에 새겨진 듯한 생채기 앞에 더 이상의 위로는 도움이 되지 않을 것 같아 말꼬리를 내렸다.

얼마나 지났을까. H는 공식적인 자리에서 그 상사를 만났다. 그는 그때 일을 잊어달라고 했던 모양이다. 그것도 작정한 듯이 연거푸 재촉했다 한다. 전해 들으면서도 헛웃음이 나왔다. 당사자인 H는 시원한 답을 할 수가 없었다. 결국은 영혼 없는 미소와 여운만 남기고 돌아섰다고 한다.

웃전의 사람이 되고자 한다면 좀 더 엄격해야 한다고 본다. 비록 입안에 들어온 사탕이 달고 좋더라도 사람을 볼 줄 알아야 한다. 세상의 상사들과 그 상사의 웃전은 거느리고 있는 아랫사람들을 꿰뚫어 보는 혜안의 소유자였으면 좋겠다.

개구리를 먹은 뱀과 같이 어울려 사는 것은 아니다. 아무리 용써도 뱀이 용이 된들 뱀은 뱀일 수밖에 없기 때문이다. 그런데도 불구하고 유유상종하면서 탄탄대로를 걷는다면 그로인한 시너지효과는 멀지 않아 사회악을 낳게 될 줄 안다. 또한 본인의 이름을 더럽히는 일로도 비화되리라.

흔히 병은 죽음과 친하다. 또는 다른 친구들을 데리고 와 극단적인 고통을 안겨 주는 경우가 허다하다. 그렇다면 돌이킬 수 없는 최악의 종점에 닿기 전에 면역력을 기르는 것이 옳다는 이야기다.

말도 그렇다. 말을 잘 하기 위해서는 입 안에 건강한 설태가 끼도록 해야 한다. 동시에 세 치 혀가 악역을 하지 못하도록 해

독하는 건 기본이다. 할 수만 있다면 최악의 경우를 대비하기 위해서 항생제도 준비했으면 좋겠다. 더 잘하자면 묵혀 두었던 생각과 말들에서 뽀얗게 쌓여있는 먼지들을 털어내야 한다. 상황에 따라서는 감정까지도 다이어트 하는 것이 필요하다.

   지금도 본인이 뱉은 말들로 인해 구설수에 오르는 사람들이 많다. 잘잘못을 몰랐더라도 태풍의 눈이 되었다면 잘못을 인정하고 백기투항은 아니더라도 사죄할 일이다. 두 번 다시 잘못을 저지르지 않기 위해서라도.

부실공사

 생각할수록 화가 치민다. 목수아저씨가 화장실 공사를 하면서 대패로 너무 민 것 같다. 문이 닫히지 않는다. 공사가 끝나면 그간의 답답증으로부터 해방될 줄 알았는데 오히려 더 사달이 났다. 닫아도 곧장 빠끔히 열리니 이걸 어쩌나 싶다.

 공사 기간 내내 친절하게 대한 것도 억울하다. 내친김에 부실공사에 대한 책임을 물을까 고민했다. 하지만 인건비 노래를 하면서 끙끙대던 얼굴이 떠올라 그러지도 못했다. 솔직히 그것보다 신경전을 펼쳐야하는 것이 엄두가 안나 주저앉고 말았다.

 화장실 공사는 안할 수가 없었다. 수시로 말썽을 피우는 자잘한 것은 그나마도 대책이 있었다. 그렇지만 손님들이 와서 화장실을 드나들 때가 문제였다. 화장실 문이 안 닫히거나 닫으려고 용쓰면 귓전을 울리니 민망할 때가 한두 번이 아니었다. 참다가 참다가 더 이상 미룰 수가 없어서 번갯불에 콩 구워먹듯 했다.

　공사는 가족들이 생활하면서 진행되다보니 공사기간 내도록 목에 걸린 가시를 지니고 사는 것 같았다. 먼저 화장실 안의 물건을 모두 비우는 것으로부터 시작했다. 하나를 고친 뒤에 연거푸 하다 보니 시간은 두 배로 걸렸다.

　공사 기간 중에 제일 걸리적거렸던 것은 미세먼지였다. 옷에 붙은 껌딱지 같이 성가시고 불편했다. 항간에 집 주인들이 공사기간 동안 밖에서 살다가 들어간다더니 이유를 알 만했다. 우선 치우기 좋을 만한 물건들을 이리저리 옮겼다. 그렇게 하기 곤란한 것들은 장롱 깊숙이 자리 잡고 있던 보자기들로 보쌈하듯이 뒤집어 씌웠다.

　그런 과정을 거쳐 만들어진 화장실이다 보니 머리가 지끈지끈 아팠다. 이미 깎여 나간 문과 문턱은 새로 짜지 않으면 도리가 없었다. 그야말로 바보 같은 일이 아니던가. 하지만 일단 한쪽은 완벽하고, 다른 쪽은 어설프지만 소리로부터 해방되지 않았냐며 가족들을 설득했다. 억지로 이해를 구한 셈이다.

　공사 후 지금까지 화장실 문과 문턱은 견우와 직녀도 아니면서 헤어져 있다. 화장실 안에 있는 사람이 궁금해 할 필요가 없을 정도다. 차라리 조금 소리가 나더라도 완벽하게 닫혔던 예전이 나을 뻔했다는 생각이 수시로 든다. 남편이 들고 일어섰을 때

말리지 말고 두었으면 어떻게든 해결이 되었을 텐데 후회된다. 한 순간의 잘못된 판단으로 문제의 싹을 스스로 키운 셈이다. 이렇게 내놓고 투덜대다가도 남편으로부터 역공격을 당할까봐 죄 없는 머리만 쥐어박으며 별 일 없는 척하고 있다.

세상의 문도 열고 닫으려면 문과 문틀이 서로 맞아야만 제 기능을 다할 수가 있다. 비록 맞물리도록 해 놓아 보기에 이상이 없어 보여도 보이는 것이 전부는 아니다. 또한 무능력한 자들의 공사는 늘 후유증을 안겨다 주기에 철저히 단도리 해야 할 일이다.

특히 역사에 오점을 남길 역주행이나 자기 합리화에 매몰된 행동은 곤란하다. 사실 후유증이라는 것도 생각해 볼 여지가 많다. 사사로이 개인에게만 화를 미치고 말면 그나마도 실수라고 가볍게 봐 줄 수 있다. 그것이 아니고 국민들이 피해대상이 되는 일이라면 문제가 다르다. 다를 뿐만 아니고 끝날 때까지 끝난 것이 아니라는 것 정도는 알아야 하리라.

만약에 백치에 가까운 자가 어설프기 그지없는 본인의 생각에 철학이라는 이름을 덧씌워 억지를 부리면 큰 탈이 난다. 검증 안 된 생각과 설익은 아집의 후유증은 오롯이 다수에게 미친다. 지금까지 무슨 일에서든 사후약방문이 되는 경우를 수도 없이 봐 왔기에 하는 말이다.

다행스럽게도 우리 집 화장실의 부실 공사는 한 가정만의 일이다. 소리가 나도 우리 집과 아래 윗집 만의 문제일 뿐 다른 집은 전혀 알지 못한다. 그렇지만 피해가 국제적인 문제가 되거나 이렇다하는 나라들의 몰락까지 갖고 오는 일을 보면 할 말이 없다. 아니다. 몸서리를 치게 된다.

곤두박질하는 개인이나 망해 가는 나라는 닮은 점이 많다. 이 둘의 공통점이라면 볼 때마다 아우슈비츠의 가스실로 몰려가는 유대인들의 핏기 없는 얼굴들이 떠오른다. 그러니까 무능력자가 조직을 꾸리거나 공사를 해서는 안 될 뿐만 아니라 맡겨서도 안 된다는 말이다.

오늘도 화장실 문은 열려 있다. 사용하는 가족들의 끓어오르는 속 따위는 알 바 없다는 듯이 입을 삐죽이 벌린 채.

서바이벌 게임

유행은 어디에도 있다. 특히 방송가는 심하다. 누가 누구 것을 배꼈든 너도 나도 경쟁적으로 본뜬다. 그러다보니 차별이 안 될 때가 많다.

오디션이 대세였던 적이 있었다. 하기는 지금도 예외가 아니다. 방송가에는 이런 서바이벌식 프로그램들이 경쟁적으로 생겼다. 유행은 의상이나 사용하는 말들에만 있는 것이 아니라는 것을 익히 알고 있었지만 방송가가 온통 한 색깔이었다. 그중 아나운서 공채 오디션 프로그램이 생각난다.

오십대 가정주부로부터 삼십대의 야심찬 젊은이, 그 직업을 갖기 위하여 하루 스물네 시간 중 시원하게 잠을 잔 기억이 없다는 젊은 취업준비생, 죽기 전에 무언가 해 보아야겠다는 자기 나름의 소신을 갖고 온 이, 프로그램에 몰입하기 위하여 멀쩡한 직장에 사표를 던진 사람까지 색깔이 다양했다.

보통사람들이 자신의 능력을 발휘해 볼 수 있도록 문을 넓힌 시도는 신선했다. 하지만 다양한 경력과 폭넓은 연령대로 시작한 프로그램은 점점 심사자의 감성에 호소하는 말과 눈물로 뒤범벅이 되었다. 그러다보니 시청자들은 마른 빨래 짜는 모습을 매번 봐야했다. 아나운서가 방송가의 꽃이라지만 확률을 생각해 본다면 너무 값비싼 무리수를 두는 것 같았다. 특히 내놓고 구걸하는 모습이 거듭될수록 시청자들은 절벽으로 내몰렸다.

여러 층을 감싸 안으려는 시작은 좋았다. 또한 보통사람들이 제 꿈을 찾아가는 프로로 만들겠다던 생각은 신선했다. 하지만 하나둘 떨어져 나가는 모습은 이 프로그램의 초심을 그야말로 광고에 그치게 했다. 어느 순간부터는 시청자들을 들러리로 이용했다는 생각이 들었다. 또 있다. 희망고문을 당한 기분이었다. 넉넉한 여유나 배포를 갖고 보기보다는 체념하게 만들었다.

사실 오디션은 끊임없이 이루어져 왔다. 길거리에서까지 있을 정도니 말이다. 아무리 그렇더라도 이 프로는 지나치다 싶었다. 자사의 사원을 뽑는다는데 무어라 할 입장은 아니다. 하지만 공공 방송에서 누군가의 꿈이 장삿거리가 된다는 생각이 갈수록 진하게 와 닿았다.

물론 그 프로가 합격과 탈락을 전제로 긴장과 인간승리를 무기로 하는 것을 알고는 있었다. 하지만 떨어져 나간 사람들의 빈 자리가 늦지대이자 빙하의 두께처럼 크게 와 닿았다. 그러다보니 건강한 경쟁의 장소로 봐지지 않았다.

그와 반면 노래 경연장의 이야기도 방송가를 달구었다. 인터넷에서는 연일 그와 관련된 검색어가 하늘 높은 줄 모르고 올라갔다. 팀의 리더는 위중한 암을 앓고 있었다. 그러자면 죽음의 문턱을 수시로 드나들었을 텐데 무대 위에서만은 표시가 없었다. 두 방송사가 야심작으로 내놓기는 똑같았으나 반응은 극과 극이었다. 즉 음악 프로그램은 한낱 퍼포먼스가 아닌 사람 냄새를 전해주었다. 그러다보니 물먹은 솜과 같은 삶을 꾸려온 사람들에게 감동과 함께 의미 있는 채찍질이자 각성제의 역할까지 해 주었다.

우리 모두는 삶이라는 바다를 운항하는 선장이라 할 수 있다. 그렇다면 무모한 시도만 아니라면 내 체온을 녹여서 도전해 볼 일이다. 하지만 지나친 유행으로 나아간다든지 휩쓸려 다닌다면 이는 몰개성한 일이자 영혼이 없는 부실 건물로 내려앉을 수 있다. 그러니 불나방처럼 이리저리 몰려다니는 군상보다는 세계인의 가슴을 파고드는 한류의 DNA처럼 차별성을 갖고 있는 우리가 많아야 하리라.

안면보호구

집 근처의 산으로 산책을 나갔다. 열두어 명 되는 사람들이 무리지어 내려오고 있었다. 그들은 약속이라도 했는지 모두 커튼과도 같은 안면보호구를 착용하고 있다. 그야말로 초대된 가면무도회에서 나만 이방인이 된 것 같았다. 부딪칠 정도가 아니었지만 그 기에 눌려 울퉁불퉁한 갓길로 비켜섰다.

안면보호용 마스크가 유행된 것은 제법 되었다. 그런데도 볼 때마다 놀라게 된다. 모자 밑으로 눈조차 찾아보기 힘든 그야말로 히잡같다. 범죄 집단이나 불손한 데모꾼들의 부속품으로까지 보였다. 철저히 나를 가리고 싶다는 의사전달의 도구로 보였다. 아니면 내놓고 소통을 거부하는 표현 같아서 씁쓸해지기도 했다. 손수건보다 작은 물건이 높디높은 장벽을 만든다는 말이다.

등산로에서까지 누에고치가 제 몸을 겹겹이 에워싸듯 해야 할 이유가 있었는지. 물론 병적인 예방이나 병후가 갖고 온 증세로 인해서 절대적으로 필요할 수도 있기는 하다. 하지만 한 무리가 단체로 약속하고 내려오는 모습은 무섬증을 낳았다.

우리 집의 승강기에서도 놀랄 때가 한두 번이 아니다. 맨 꼭대기 층의 안주인은 대인기피증 환자 같다. 볼 때마다 사람의 시선을 피하는 것은 기본이고 언제나 마스크 비슷한 대형 안면보호구를 착용하고 있다. 한여름에도 그러했다. 용기를 내서 물었더니 병으로 인해서 그런 것은 아니라했다. 그것이 아니면 외부인과의 거리를 두려고 하는 것 같아 무심한 척하고 있다.

우리 모두는 생활하면서 생긴 고민들을 얼굴에 상표처럼 달고 다닌다. 우리 집만 해도 아들과 딸은 내 표정에서 그 날 하루를 알아 맞출 수 있다고 한다. 더러는 인간관계가 잘 안 풀렸냐고 내놓고 물을 때도 있다. 자식으로부터 이런 이야기를 듣는다는 것은 내 관리에 소홀함이 많았다는 것을 말해주는 것이기에 떳떳한 건 아니다.

지인이 표정 관리에 대한 조언을 해 주었다. 나의 일거수일투족이 주변에 평화를 가져다주는 징검다리가 된다면 한 순간의 하이얀 거짓말이나 가면이 나쁜 것만은 아니라는 말이다. 평범한 진리지만 자주 잊고 가끔 생각하느라 후회할 때가 많다.

안면보호구를 벗은 뒤에 드러나는 민낯에 대한 책임은 자신이다. 그러니까 평소에 처절한 순간을 맞닥뜨리지 않도록 연마할 일이다. 안면만 보호하려고 덕지덕지 뒤집어 쓸 일이 아니고 이름까지도 보호해 주고 받을 수 있도록 말이다.

참으로 기가 찬 일이 있다. 불과 몇 달 전부터 전 국민이 각양각색의 마스크로 손바닥만한 얼굴을 덮고 다닌다. 그것도 배급제로 줄 서서 구매한다. 문제는 새벽부터 줄을 서도 손에 달랑 2장의 마스크를 손에 쥘 수 있다는 것이다. 인터넷에는 보통 가격의 몇 배를 보냈는데 사기를 당했다는 이야기까지 넘치고 넘쳤다. 안면보호구이자 마스크가 필수품인 시대에 살고 있다는 증거다.

방송가에서는 비를 맞으며 구매행렬에 끼여 있는 사람들의 분노를 들려주었다. 바이러스로부터 본인들을 보호해줄 방패로 마스크에 의존하는 힘없는 사람들의 오늘이 참으로 처량해 보였다.

지금도 갖은 꼼수를 부리는 거악의 무리들은 얼굴뿐만 아니고 온몸을 가린 채 갖은 재주를 부리고 있다. 비록 손에 안 잡히고 눈앞에 당장 보이지 않을 뿐이다. 하루속히 쨍하고 해 뜰 날, 안면보호구가 필요하지 않는 해방구를 기대하는 바람이 크다.

요리 춘추전국시대

 잘 생긴 토론자들의 손에 칼이 들려 있다. 요리 프로그램에서다. 지상파와 케이블을 오가도 편안하게 볼 수 있는 내용이 없어서 이리저리 방황하고 있던 중이었다. 방송사마다 음식을 다루는 프로로 도배되어 있다. 요리는 이제 1인 방송과 같은 새로운 플랫폼으로까지 범위를 넓혔다. 그야말로 요리 춘추전국시대다.

 여행이 힘들던 시절에는 국내외를 오가는 여행 프로그램이 대세였다. 간접적인 경험으로 대리만족을 시켜주면서 시청률까지 높이고자 하는 의도였다. 하지만 이제는 경쟁하듯이 요리 쪽으로 자리를 옮기고 있다. 프로그램을 모두 외우지는 못하지만 열 손가락으로도 부족하다. 내용은 경쟁적으로 음식 만드는 방법을 가르쳐준다. 텔레비전에서 음식 냄새가 날 정도다.

등장인물들이 시청자들에게 인기가 있는 인물일 때는 어지간한 드라마 이상의 시청률을 올리고 있다. 특히 인상적인 것은 등장인물들이 대부분 남자라는 거다. 요리를 남자와 별개로 보던 시대가 있었나 의심할 정도로 바뀐 모습이다. 그렇게 시청자들과 얼굴을 익힌 사람들 중에는 자신의 이름으로 음식점을 운영하기도 한다. 그것도 성황리에 영업이 되고 있다니 놀랍다.

승강기에서 퇴직한 직장 동료를 만났다. 인사를 건넸더니 급하게 들려준 첫 말이 요리였다. 집안에만 들어가면 꼼짝하지 않았던 사람이었기에 어리둥절했다. 그는 남자가 집안일을 거드는 데 비판적이었다. 안사람의 콧대를 높여주게 된다는 이유에서다. 또는 주부가 할 일이 없어진다고도 했었다. 그런 사람이 드라마 속의 남자들이나 오락 프로의 출연자들처럼 두 손을 설거지통에 넣고 있었던 모양이다. 도마 위에서 어설픈 칼질까지 하면서 말이다.

그는 요리학원에 등록하러 갔던 날을 떠올리며 시대의 변화에 대하여 풀어냈다. 집안에 엉거주춤 있는 날들이 길어지다 보니 꼬리 잘린 여우요, 이빨 빠진 호랑이가 본인이더라고 했다. 그것뿐만 아니라 처음에는 아내가 눈치를 보며 집안에 붙들려 있기도 했다고 한다. 하지만 집에 있는 시간이 길어지자 그것도 잠시, 먹거리들을 준비해 두고는 너끈하게 시간을 보낸 뒤에서야

천연덕스럽게 들어오는 날이 잦았다고 했다. 그러다보니 어느 날부터는 본인의 시간과 삶을 누군가에게 의지하는 자체가 너무 수동적이라는 생각이 들었다고 했다.

고민하다 해결책으로 요리 학원에 등록했다며 경험담을 술술 풀어 내놓았다. 시작은 가족들에게도 비밀로 했다. 어느 정도 실력이 쌓인 뒤에 깜짝 이벤트를 할 요량이었다. 김칫국물이 튄 남방 자락도 몰래몰래 씻어 널어놓는 등 갈무리까지도 했다. 하지만 이상한 낌새를 느낀 안사람에게 들켰던 모양이다. 부인은 남편이 변한 걸로만 알았지 혼자 속앓이를 한 줄은 몰랐다고 한다. 뒤늦게 스스로 챙기질하는 자신의 모습을 응원해 주더라며 싱겁게 웃었다.

세상이 남자들에게 앞치마를 입힌 채 두 손에는 주방용 칼을 쥐게 한다는 이야기를 듣다가 마트에서 본 모습이 떠올랐다. 혼자 장보는 남자들이 많아진 것이 어제 오늘의 일은 아니다. 남편만 해도 장을 보고 있는데 더 사가야 할 것이 없냐며 물어 올 때가 있다. 이른 아침, 먹거리 준비에 바쁜 나를 위하여 남편은 과일과 영양제 챙기는 일까지 끝내고 나서야 본인 준비에 들 정도다. 사소한 일 같지만 그런 가벼운 것도 모아놓으면 일이 되니 쉽게 볼 것만은 아니다.

처음에는 그런 시도나 시작이 시위용이요, 하루 이틀 하다가 말 것처럼 보였다. 하지만 일주일이 되고 한 달이 되더니 이제는 자리를 잡았다. 비록 과일의 살점을 죄다 깎아내기는 하나 내 손길이 덜 가도 되니 심폐소생술 처치를 받은 것 같다.

또 있다. 아들 녀석이 하는 행동만 보아도 세월의 변화가 낯설지 않다. 본인이 가족들의 밥을 직접 떠 주고 식탁을 차리는데 선수다. 오랜 기간 외지에서 혼자 살다보니 능숙해졌다고 본다. 이제는 아들이 의식이 되어서 씻었던 그릇도 한 번 더 점검할 정도가 되었다.

오늘도 방송마다 요리 프로가 춘추전국시대처럼 몸값을 올리고 있다. 심하다 할 정도로 경쟁적이어서 불편했었는데 이제는 그런 푸념도 아껴야 할 것 같다. 방송이나 요리 덕분에 삶의 돌파구를 찾는 남자들의 수가 늘어났으니 어쩌랴. 또한 남자들로 인해 여유가 생긴 나와 같은 부류도 있으니 말이다. 시대의 변화상이 실감난다.

후반전

TV 화면이 출근을 막는다. 유럽에서 활동하고 있는 국보급 선수가 소속된 구단의 경기때문이다. 그는 가슴으로 받은 공을 땅에 떨어뜨린 뒤 왼발로 슛을 했다. 팔이 안으로 굽어서가 아니고 반복해서 보는데도 예술에 가깝다.

환호하는 관중들의 고함소리와 몸동작만 봐도 흥분의 정도가 읽혀진다. 리그에서 탈락의 위기에 처해 있던 팀은 그 골로 살아났다고 한다. 그것도 후반전이 끝나갈 즈음에 넣은 결승골이었다니 놀랍기만 하다. 반복해서 봐도 지겹지 않았다. 출근길 도로 위에서 방향등을 안 켜고 끼어드는 차도 너끈하게 봐 줄 수 있을 정도로 여유가 충전되었다.

그 선수는 이제 현역에서 은퇴했다. 그를 필요로 하는 음지에서 후진양성 중이라고 한다. 돈이 되는 해외보다는 땀으로 얼룩진 옷을 입겠다는 이야기다. 쉬운 결정이 아니었을테지만 지금까지 본인이 한 말에 대한 책임을 지고 있다. 인생의 전반전에 익힌 재주와 해박한 지식들로 후반전을 일구는데 오롯이 바치느라 쉴 틈이 없어 보인다.

불모지와 같던 피겨계의 선수도 떠오른다. 그녀는 우리에게 경제적인 반사이익을 챙겨주었다. 우리나라의 인지도를 올린 공은 수치로 환산할 수가 없다. 그러던 그녀가 시상대에서 눈물을 보인 적이 있었다. 준우승이라는 결과가 속상했던 것이 아니었다. 알고 보니 하나를 마무리했다는 성취감과 어렵게 연습했던 장면이 떠올라서 그랬다고 한다.

인터넷에는 그런 결과가 나올 줄 예전에 알았다는 댓글이 폭탄처럼 올라 왔었다. 돈벌이에 혈안이 되어 광고를 찍느라 연습이 부족한 것이 잘못이라며 비꼬거나 비틀어대는 이들 또한 많았다.

그녀는 젊다. 차디찬 얼음판 위가 아니더라도 그녀의 후반전이 황금알을 낳도록 응원하면 안 될까. 그러니까 그도 우리와 똑같은 사람이라는 것에서 출발하고 다른 짐을 지우지 말았으면 싶건만 현실은 그렇지 못했다. 운동 환경이 선진국과는 비교가 안 될 정도로 열악하다는 것에 대해서는 알바 없다는 듯 억지 춘향을 요구하는 이가 많아 안타깝다.

물론 안티도 당사자한테 관심이 있다는 것까지는 인정한다. 그렇지만 내 생각이 그러하고, 내가 그렇게 바란다고 무조건적으로 상대방한테 요구하는 것은 아니라고 본다. 잘 보낸 그녀의 전반전이 후반전에 이르러 빛바랜 시간들이 되지 않도록 응원하는 것까지여야 하는 건 아닐까.

그와 반면 음주나 도박 등에 의하여 본인의 이름자 밑에 구제불능이라는 오염된 단어를 끼고 있는 선수도 있다. 은인이나 은사의 공도 팽개치고 철새가 되어 이 나라 저 나라를 배회한 이의 얼굴이 떠오른다. 그는 결국 국민들의 관심 밖으로 내몰렸으니 그동안의 행동들이 꽤나 가벼웠다고 본다.

그런 류는 흔히 몸도 마음도 만신창이가 되어 퇴출의 기로에 서 있기 쉽다. 삶은 어차피 땀으로 얼룩진 개개인의 점수판으로 판가름되는데도 불구하고 잘 나가던 전반전이 후반전까지 연결될 줄 알고 자기관리를 게을리 한 탓이리라.

후반전은 누구도 피해갈 수가 없다. 젊어서 올 굵고 빼곡하던 머리는 백발이 된다. 솜털이 주인이던 얼굴에 거미줄 같은 주름이 내려앉는 것도 삶의 후반전이 안겨주는 현상 중의 하나다. 이는 그것을 갈무리하는 주인의 정성에 따라 차이가 있을 수 있다.

삶이라는 경기에서는 예외란 것이 없다. 비록 그동안 성긴 시간과 미운 날들이 많더라도 빳빳하게 풀 먹인 모시 적삼의 옷깃을 매만지듯 해야 하는 이유다. 우리들의 삶 안에 빛바랜 후회와 구멍이 나지 않기 위해서라도.

탐라의 선물

사진 파일을 정리한다. 제주도로 가족여행을 갔던 흔적이다. 이는 아들이 카메라 셔터를 누르고 다닌 끝에 얻은 선물이다. 이번 걸음은 시간을 만들기가 쉽지 않았지만 더 늦출 수가 없었다.

잠자고 있던 마일리지도 찾아냈다. 모든 기록들이 전산화되어 있었겠지만 생각지도 못했던 역사를 찾아 이리저리 얽어내는 것이 신통방통했다. 그 외에도 짬짬이 숙소, 차 대여, 맛집까지 조롱조롱 엮어내는데 보고만 있어도 재미가 쏠쏠했다.

드디어 제주에 닿았다. 해변에는 봄꽃이 우리를 반기려다 인정 없는 바닷바람에 고개가 꺾였다. 설익은 동백도 함박웃음을 짓다 바람의 간지럽힘과 손맛에 흠칫 놀라 움츠렸다. 성급한 바람이 두고두고 미안해할 부분이다. 시커먼 바윗돌들은 마그마의 용트림이 밀어내놓은 것이다. 이것은 땅 속의 역사를 솔직하게 보여주었다. 수 천 도에 이르는 열기에 시달린 흔적은 기이한 주름으로 자리 잡혀 있었다. 그간의 여정과 속 태운 시간들을 말해주는 증거로 보였다.

지역의 곳간과도 같은 돌문화공원에 들렀다. 농기구로 사용하던 돌로부터 섬의 구석구석을 장승처럼 지키고 있던 것, 사람의 얼굴로부터 아기를 안은 모성의 돌에 이르기까지 다양했다. 평범한 것이 없었다. 탐라를 다녀간 지가 십 년이 되었지만 그동안 땅이 넓어진 건가 하는 해괴한 생각이 들 정도였다.

돌들을 들여다보던 중 직장 상사로부터 얼마 전 들은 말들이 떠밀려 나왔다. 옮긴 직장의 문화나 분위기에 익숙하지 못해서 어수선해하고 있던 어느 날이었다. 지인이 이동을 축하한다고 떡상자를 보내왔는데 벼락 한 덩이가 정수리에 내려 꽂혔다. 상사가 귀찮아 죽겠다며 투덜투덜한 것이다. 혹시 잘못 들은 것은 아닐까 하고 살펴보았다. 하지만 주변에는 아무도 없었다. 그렇다면 보내온 떡이 문제요, 받을 사람이 화근이라는 말이다.

무슨 잘못을 했나 되돌아보았지만 딱히 떠오르는 장면이나 일이 없었다. 하지만 들을 이야기가 맞나 셈했을 뿐 어떤 대꾸도 하지 못했다. 사무실의 분위기도 염려되고 후폭풍이 그려지지 않아서다. 그런 일이 있은 후에도 속이 시커멓게 멍이 들 정도로 들은 이야기는 많다. 하지만 매번 나는 갑이 아닌 을에 불과했기에 소나기 같은 해결 방법은 꿈속에서조차 찾을 수가 없었다.

덕장과 근무할 적에는 오라거나 가라는 이야기가 없어도 전투적으로 직장을 지켰었다. 하지만 그와 반대로 정신과적인 치료가 필요한 이들을 만나면 나날이 가슴을 옥죄였었다. 되받아칠 수 없는 위치로 인한 분노가 뿌리를 내려 아등바등 살았다. 그러지 말자고 안으로 다독이지만 속에서 일어난 거품으로 인해 앞이 안 보이니 쉽지 않았다. 시간이 이렇게 흘렀건만 아직까지도 꼬깃꼬깃 접어 두고 갈아 붙였던 가슴속 넋두리가 코끝을 찡하게 할 때가 많다.

억울한 시간들이 구들장처럼 널찍하게 자리 잡고 있었을 때는 호흡조차 힘들었다. 가치가 없지만 생각대로 되지 않아서다. 상사와 얽힌 회색빛 이야기들을 비취빛 바닷물에 송두리째 던져버렸다. 한 톨의 아쉬움도 없었다. 바람결에 날리기라도 할 판이었기에 좋은 기회였다.

탐라의 속살을 헤집고 다니면서는 나도 모르게 찐득이처럼 몸 안에 딱 붙어 있던 것들을 떼내고 또 떼냈다. 돌아오던 해거름에는 물안개가 해수면과 한 몸이 되어 피어올랐다. 이때다 하고 끈질기게 남아 있던 멍울들과 함께 갖은 앙금들을 버리고 또 버렸다. 대신에 그 빈 공간에는 앞으로 살아갈 배짱과 여유를 탐라의 짠내 나는 바닷바람과 함께 선물로 챙겨왔다.

지킴이를 찾아서

울릉도로 휴가를 떠났다. 멀지 않은 곳에 살고 있건만 기상문제가 목에 걸린 가시가 되다 보니 이제사 걸음하게 되었다. 다행히도 오징어배가 가지런히 줄 서 있는 목적지에 무리 없이 닿았다.

집들은 산비탈을 타고 따개비처럼 엎디어 있다. 눈썰미 깊은 사람이라면 한눈에 그려낼 정도로 아기자기한 손바닥 모양새였다. 해안선은 한창 개발되고 있었다. 자연이 무자비하게 파괴되는 일만은 없었으면 하는 바람이 생겼다. 소홀히 대했다가 비싼 과외비를 낼 것 같아서다.

이곳의 택시는 차체가 높은 디젤차가 대부분이다. 고르지 못한 화산섬 도로를 오가야하니 이해가 되었다. 전망대를 들러 촛

대바위로부터 코끼리바위, 거북바위, 버섯바위, 국수바위 등을 선봤다. 죽도며 황토굴도 뒤졌다. 나무를 켜켜이 잘라서 잇고 덮어서 완성한 너와집과 투막집도 선 봤다. 자연을 철저하게 이용해서인지 원초적인 냄새가 물씬 났다.

나리분지는 나리의 뿌리와 잎을 먹고 살았다는데서 이름 붙여졌다. 명이나물을 먹고 명을 이은 것에 의미를 두었다고 한다. 오가며 부러웠던 것 하나만 더 꼽으라면 이곳의 날씨가 육지와 다르다는 거다. 아무리 더워도 피부가 끈적끈적하지 않으니 생각할수록 신기했다.

이튿날 오후는 독도로 향했다. 국제적으로 유명세를 타고 있는 곳으로 간다니 가슴이 설렜다. 아들은 망원경까지 준비했다. 배는 여행객들을 가득 태우고 도동항을 벗어나 망망대해로 미끄러지듯 나아갔다. 예감이 좋았다. 물비늘을 만드는 바다조차 독도의 선착장에 발을 내디딜 수 있도록 거드는 것 같아 희망에 부풀었다.

뱃머리에 앉아서 독도맞이에 들었다. 독도가 어디인가. 수시로 해악질해 오는 일본과 날카로운 각을 세우고 있는 곳이 아니던가. 역사 속의 장소를 뒤늦게 찾아 나선 것이 미안했다. 그렇다보니 독도를 그리는 마음이 더욱더 진해졌다.

얼마나 지났을까. 출발할 때와 다르게 배가 점점 요동치면서 까탈을 피웠다. 불길한 생각이 들었다. 바다는 독도에 가까워질수록 행패를 부리고 화까지 냈다. 아들이 먼저 고통을 호소했다. 속이 뒤집히는 것 같다면서 식은땀을 흘리더니 얼굴이 노래졌다. 드디어는 앞으로 고꾸라지는데 독도와의 포옹을 포기해야 하는 건 아닌지 불안했다.

여기저기에서 죽겠다는 말들이 흘러나왔다. 그러던 중 쿠울렁하는 소리가 들렸다. 바위가 우는 것 같았다. 무언가가 배의 몸을 여러 방향에서 두들겨 패는지 괴성도 들렸다. 배가 두 동강이 나는 것은 아닐까 염려가 될 정도로 무시무시한 소리도 났다.

안내원은 너울이 심해 독도 근처에서 경관을 볼 수밖에 없다고 했다. 덧붙여 배의 움직임에 따라 몸도 같이 행동하라고 했다. 혼미한 상태에서도 들은 말을 떠올리면서 시키는 대로 따랐다. 정신줄을 놓다시피 한 순간이었지만 주변사람들의 모습이 몸개그 같아 비실비실 웃었다.

얼마나 걸렸을까. 속이 뒤집히는 중이었건만 웅성대는 사람들처럼 밖을 내다보았다. 무언가 찾기라도 하겠다는 듯이 까치발을 한 채 용까지 썼다. 굼실굼실 요동치는 파도와 함께 무엇인가가 희미하게 보였다. 바위다. 아니 바위산이 무채색 속옷을 입은 채 서서히 드러났다. 방송에서는 그것을 독도라고 일러 주었다. 독도는 찾아온 이들의 정성에 감탄했는지 맨얼굴로 나타났다. 연거푸 발끝에 힘주면서 얼굴을 쑤욱 내밀었다가 숨었다.

미간까지 찌푸리면서 억지로 눈도장을 찍었다. 역사책에 있는 이야기를 떠올리며 한순간이라도 더 보려고 애썼다. 독도의 작은 얼굴이 물안개를 거느리고 숨바꼭질을 반복했다. 영겁의 세월을 두고 살아남은 자부심이 남달랐다. 그야말로 영상으로 본 모습 그대로다.

그런 중요한 시점이건만 창자 끝은 눈치 없이 요동을 쳤다. 그것뿐이면 좋으련만 울렁증은 시간이 흐를수록 심해졌다. 드디어는 하늘이 노래졌다. 독도가 눈앞에 있지만 두 발을 내디딜 수가 없었다. 이런 현상이 독도가 걸어온 길이자 불안한 섬의 미래를 보여 주는 듯해 안타까웠다.

일 년 중 독도에 오를 수 있는 날은 55일 정도에 불과하다고 한다. 그렇다면 억울해하는 마음조차 사치 같아 독도에 오르는 것을 완전히 포기했다. 배 위에서 애타는 마음만은 바위섬에 전했다. 애국혼이 깃든 목적지를 뒤로 할 수밖에 없는 현실이 아팠다. 되돌아오는 길목에서는 그나마도 괭이갈매기가 끼룩끼룩 울며 아쉬움을 달래주었다.

아직도 동해 끝자락에서 해용과 함께 우리 땅을 지키고 있는 독도의 목소리가 그립다.

가을에 / 72.7×53.0 Oil on Canbas

아이는 어둠으로 인하여 내 얼굴에 숨어 있던 감정을 읽지 못했는지 본인 앞의 삶과 고민거리를 마구 쏟아냈다. 아마도 그동안 차곡차곡 쌓고 농축시켜 두었던 생각들을 세상 밖으로 뱉어냈으리라. 특히 참고할 지도가 없으면 스스로 만들어 가겠다며 마음속에 쟁여 놓았던 꼬투리들을 내밀 때는 왜 이러나 싶었다. _가왕 중에서

3부

- 가왕
- 이모작
- 젊은이의 초상
- 사갈 것 없나
- 건밤
- 봉숭아 물들이다
- 조연
- 다육이
- 만화경
- 면접
- 무노동 무임금
- 톺아보기

가왕

 저녁상을 물린 뒤 집 근처 운동장으로 향한다. 먼발치이지만 익숙한 옷이 눈에 들어온다. 딸이다. 딸은 먼저 나와 운동장을 다람쥐 쳇바퀴 돌 듯하고 있다. 다가가니 더위와 정면 대결하며 체력을 다지는 것도 기특한데 가왕의 CD를 주겠다고 한다.

 나는 '가왕'을 좋아한다. 며칠 전에도 그의 공연장을 다녀왔다. 그날 불렀던 노래들은 작은 거인이자 가왕이라는 이름에 걸맞았다. 흘러간 시간들을 떠올려보면 묵은내나 군둥내가 날 만도 하건만 전혀 아니다. 외모도 팽팽하던 볼살이 다소 꺼져 있었을 뿐 환갑이 지난 나이로 보이지 않았다. 오히려 새로운 피를 수혈 받은 것 같았다. 덕분에 십대로 돌아가는 횡재까지 하고 왔다.

 그의 신곡은 시대의 흐름을 놓치지 않으려고 노력했다. 갈지자 걸음을 한 흔적이 어디에도 보이지 않았다. 다양한 형태의 음악기조를 따른 것으로부터 랩퍼와 함께 한 것까지 신선하기만 했다. 특히 두 시간 삼십여 분 가량을 혼자서 소화한 것은 디지털시대의 5초 가수들과 비교할 수가 없었다. 그러니까 19집은 다소 길게 느껴졌던 은둔생활에 대한 답이자 활성산소를 마신 승리자의 작품으로 다가왔다.

관현악단까지 동행한 녹음은 미국의 모 스튜디오에서 했다. 녹음은 결과물에 빙의되듯 흡족해야 다음 곡으로 넘어갔다고 한다. 섬세하게 마무리를 했다는 말이리라. 기계와도 사이가 좋아야하기에 돛단배로 오대양 육대주를 오가는 것과 같았다고 본다. 그런데도 불구하고 가왕의 직업정신과 근성에 매료되었다는 이야기들이 무논에 못줄 대듯 전해졌다.

가왕의 가정사를 떠올려 보면 사막도 그런 사막이 없다. 한 번의 생이별에 이어 두 번째 결혼한 부인마저 병마로 잃었다고 한다. 기구한 인간사를 떠올리는데 짠했다. 과장 같지만 그의 기가 아메바 분할되어 나에게로 전해진 탓이리라. 하기는 비교한다는 자체가 가당치도 않은 일이지만 혼자 속을 끓였던 일들이 떠올랐기 때문이다.

그 뒤 가왕의 인터뷰 방송을 우연한 기회에 보게 되었다. 기자가 그의 개인사를 묻자 외롭다고 했다. 그와 반면 음악이 자신의 구심점이자 앞으로 나아가야할 바에 대한 지도를 그려주기 때문에 한가할 틈이 없다고도 했다. 생활인이기보다는 음악인으로서의 할 일에 비중을 더 두고 있다는 말이었다. 순간 그렇게 큰 사람을 평범한 생활인으로만 보고 안타까워했던 것이 소시민의 한계로 다가왔다. 동시에 그의 자갈밭과 같은 계획들이 옥답이 되기를 응원했다.

운동장에서 만난 딸도 지도 이야기를 했다. 지금까지 부모가 앞장서서 그려놓았던 지도를 이제야 발견했다는 반성이 대부분이었다. 또한 예전과 달리 우리 부부에게 공치사까지 했다. 제 앞에 펼쳐져 있는 쭉쭉 뻗은 고속도로로부터 양의 창자처럼 끊어질듯 이어져가는 국도와 이면도로를 뒤늦게사 발견했다는 이야기도 보탰다. 이름 없는 농로까지 안내해 주었던 지난날들이 떠올랐다니 놀라웠다.

솔직히 딸은 사춘기를 귀애하는 애인처럼 옆구리에 늘 끼고 다녀 볼썽사나웠다. 이런저런 길을 안내할 때마다 곶감 냄새가 난다며 얼굴 붉힌 적도 많았다. 그뿐만 아니라 더러는 벼르고 벼르다 한마디 하면 뿔뚝거리거나 가볍게 대하곤 했었다. 기억을 더듬어보니 고장난 추를 고장났다고 일러주는 것조차도 귀찮아 했던 것 같다. 그런 아이가 부모의 애정어린 말들을 가볍게 본 잘못이 크다며 누에가 실을 풀어내듯하니 긴가민가했다.

아이는 어둠으로 인하여 내 얼굴에 숨어 있던 감정을 읽지 못했는지 본인 앞의 삶과 고민거리를 마구 쏟아냈다. 아마도 그동안 차곡차곡 쌓고 농축시켜 두었던 생각들을 세상 밖으로 뱉어냈으리라. 특히 참고할 지도가 없으면 스스로 만들어 가겠다며 마음속에 쟁여 놓았던 꼬투리들을 내밀 때는 왜 이러나 싶었다. 알고 보니 물밑에서 말없음표처럼 살던 아이가 부모의 생각을 깊고 넓게 받아들이고 있었다는 말이다.

그날 이후 벽에 걸린 시계만 세월을 먹는 것이 아니라며 본인의 청사진을 수시로 보여주고 있다. 이는 제 삶의 시계추를 느리지만 직접 돌리면서 철이 들어가고 있었다는 증거였으리라.

이제는 모르면 몰랐다고, 알면 알고 있다고도 한다. 더러는 자신의 잘잘못을 고치기 위한 처방전도 보여준다. 물론 실천하면서 적극적으로 발품까지 팔고 있다. 덕분에 살갑고 귀성스러울 때가 많아지고 있다.

오늘도 운동장의 하얀 선을 따라 딸과 함께 걷고 있다. 습기를 머금은 더위도 더 이상 문제될 것이 없다. 딸과의 소통이 안겨준 수확이다. 앞으로도 생손앓이만 할 것이 아니고 제 삶의 인생지도를 지치지 말고 그려 나갔으면 좋겠다.

이모작

방송에서다. 그 프로는 평범한 이웃들이 자신의 이야기를 풀어내는 프로그램이었다. 신체적인 불구를 무릅쓰고 오뚝이처럼 일어나 꿋꿋한 사회인이 된 사람, 가난을 이긴 인간 승리자, 믿었던 이의 속임수로 죽음의 기로에까지 갔다가 이겨낸 이들 등 출연자들의 이력은 다양했다.

삶의 열두 굽이를 경험한 그들은 시청자들에게 이미 엎질러진 물이나 후회와 이별하라고 가르친다. 그것이 약할 때는 큰 칼을 옆에 찬 무사로 살아라고도 했다. 매번 현재의 인생 대차대조표가 전반전을 놓친 집이요, 그에 따른 생산물이라면 초반의 실수나 잘잘못까지도 만회할 길은 반드시 있다며 격려의 목소리를 드높였다. 그 외에도 따끔한 메시지를 한 아름씩 선물로 주기에 진지하게 시청했다. 또한 그런 이야기들을 접할 때마다 삶을 가볍게 꾸린 듯하여 부끄럽기도 했다. 프로그램이 갖고 있는 힘이었다고 본다.

칼 융도 '인생의 정오론'에서 자연 앞에 순응하는 이모작 인생을 꿈꾸라고 했다. 오전 프로그램으로 오후의 논밭을 경작하지 말아야한다는 뜻이다. 이는 인생이모작 시기에 방구들을 지키는 것은 소멸을 자초하는 일이라는 경고이기도 했다.

특히 중년에는 정신적 변화가 찾아와 진흙탕 삶을 살 수도 있다. 그런 화근을 없애기 위해서라도 도에 넘는 외향적 목표와 야망보다는 곰삭힌 씨앗을 뿌리라고 했다. 할 수만 있다면 인생의 시계에 장착되어 있던 방전된 배터리를 분리하라고 목소리에 힘을 실었다. 또 그 배터리를 충전시키거나 새것으로 교체하는데 망설임이 없어야 한다는 말도 보탰다.

이렇게 갖은 고민을 하는 나에게 아들은 훗날 북 카페를 하자고 했다. 둘 다 좋아하는 책도 실컷 읽고, 보고 싶은 사람도 만날 수 있다는 장점까지 들먹였다. 다소 운치 있고 솔깃했지만 경영이라는 의미가 부담으로 확 와 닿아 웃어 넘겼다.

아들은 최고 수장의 자리에까지 오르는 것이 힘들겠다 싶어 대안을 꿈꿔본 모양이다. 즉, 취직이라는 본인의 방석을 만들면서도 또 다른 인생후반의 프로그램까지 그리고 지워왔던 걸까. 하기는 아들이 가볍게 해 본 이야기에 너무 많은 의미를 담아서 반응한 것은 아닐까 싶기도 하다.

　주변에는 멀쩡한 직장에 사표를 던지고 늦은 나이에 생각하지 못했던 일에 뛰어든 사람들의 이야기가 많다. 더 이상 귀하지 않을 정도다. 예를 들면 가녀린 손가락으로 컴퓨터 자판을 두들기던 이들이 구정물 설거지통에 희멀건 손을 넣고 있다는 말들은 동네어귀마다 들리고 보인다. 즉 삶의 방향을 획기적으로 바꾸는 일이 많아졌다는 말이다. 그렇다면 아들의 말도 영 생뚱맞은 이야기가 아니라고 본다. 백세시대를 준비하는데 있어서 낯설어서 안 된다는 말은 이제 곤란하다.

　남편도 퇴임을 했다. 그러다보니 시장조사와 장보기로 시작하던 외조가 드디어는 상 차리는데까지도 빛을 발하고 있다. 반찬을 냉장고에서 끄집어내 차리는 것부터 조리를 할 때 타지 않도록 저어주는 일 등은 이제 선수다. 언제부터인가는 농담 반, 진담 반으로 요리학원에 가겠다며 각오를 다지기도 한다.

　태풍도 이런 태풍이 없다. 동료나 지인들과의 이별에 고개를 푹 숙이거나 서글프다는 등 넋두리를 하면서도 제2, 제3의 계획을 세우고 실천하고 있으니 말이다. 자세히 들여다보면 남편의 인생 이모작 대작전은 주방에서뿐만 아니라 운동, 음악 등 여기저기에서 보인다. 다행이다.

　주변에 있는 선배들도 예전처럼 미온적이지 않다. 얼마 전까지만 해도 온실 속의 꽃처럼 생각하고 생활하려는 이들이 많았는데 이제는 그렇지 않다. 내 몸이 사그라지기를 앉아서 기다리거나 방치하지 않겠다는 생각이리라. 이는 언제나 현역병인 것처럼 살겠다고 하는 이가 놀라울 정도로 많아졌다는 거다. 아니면 이모작을 새로운 일에 도전하거나, 하던 일의 연장선으로 보고 있다는 말이기도 하다.

　인생 이모작은 100세 시대가 안겨 줄 노후생활의 막막함과 당혹감을 줄이기 위해서라도 필요하다. 나 또한 안 가본 길이기에 선명한 답을 내리기가 쉽지 않지만 적극적으로 받아들일 생각이다. 그것뿐만 아니라 인생 이모작 준비는 언제하면 어떠랴마는 내일보다는 오늘부터 시작해야 한다. 그것도 잠시 뒤가 아니라 지금이 바로 적기라고 본다.

젊은이의 초상

컴퓨터 바탕 화면에 있는 낯선 폴더를 연다. 파일의 문고리를 누르니 딸의 변형된 얼굴이 빼곡하다. 영근 옥수수처럼 들어차 있는 게 아마도 전시회 준비 중인 작품 같다.

파일의 주인인 딸은 지금 다른 도시에 가고 없다. 가족 몰래 대학원을 다른 지역으로 잡아두었었다. 이는 면접일 하루 전에야 알게 되었다. 낯선 곳에서 새바람을 맞으며 살고 싶다더니 실천에 옮긴 거다. 그러니 마음 놓고 봐도 되건만 문쪽을 연거푸 쳐다보게 된다. 남의 일기를 훔쳐보는 것 같아서다.

파일에는 눈을 치뜬 채 눈동자를 굴리는 얼굴, 두툼한 입술을 장난스럽게 앞으로 디민 셀카의 흔적들이 대부분이다. 작품의 크기와 소재, 재료 등이 기록되어 있어서 이해하는데 도움이 되었다. 아예 두 눈을 내리깐 모습은 세상의 고민이란 고민은 죄다 짊어지고 있는 듯 심각해 보인다. 신발을 사람으로 변형시킨 작품에서는 익살과 위트가 녹아 있다. 졸업을 눈앞에 두고 마지막으로 손댄 작품은 사람의 두상 안에 십여 명의 또 다른 얼굴이 소복하게 담겨 있다. 무언가 얻어내기 위해 갖은 애교를 부리는 장난기어린 모습은 빵시레 미소까지 짓게 한다.

그중 다양한 색의 포크가 얼굴을 향하도록 붙인 작품은 움찔 놀라게 한다. 포크는 우리 모두가 각종 스트레스로 힘들게 살고 있다는 이야기를 담았다. 그 말은 곧 제 앞에 놓인 시계가 늘 자기편인 줄 알았건만 실상은 아니더라는 말이리라. 그러니까 현실은 짐이 되더니 어깻죽지를 내리눌러 어느 순간부터는 앞에 있는 이들의 시선까지도 피하게 되었다는 보충 설명이 있었다.

예전에는 제 앞에 주어진 시간과 삶을 희망과 비전으로 보고 화색이 도는 작품들이 많았다. 졸업이 가까워질수록 그런 생각들이 무채색으로 변했는지 대부분 작품들이 무거운 색 천지다. 청년실업에 3포, 5포, 7포 세대라는 단어들이 그림에 녹아 있다가 아이의 마음을 명경처럼 비춰주었다.

작가는 그림과 글 속에 자신의 생각과 철학을 담는다. 아니다. 자신의 영혼까지도 오롯이 녹인다. 하기는 딸의 그림에서도 매번 그런 느낌을 받았다. 그렇지만 솔직히 내가 평소 좋아하던 양식은 아니다. 예술의 세계에도 경계가 모호해진 것을 알고는 있다. 하지만 대상을 사실적으로 묘사하는 것으로부터 모든 것이 시작되어야한다는 생각을 줄곧 해 왔기에 아이의 캔버스가 사뭇 낯설 수밖에 없었다.

그것뿐만 아니라 작가가 말하고자 하는 것을 숨은 그림 찾기처럼 해야 하는 것이 부담스럽고 성가셨다. 변형에 변형을 하는 작품이 많아진 것을 발견한 어느 날은 좀 더 다양하게 접근해 보라고 권한 적도 있었다. 딸은 그런 요구가 부담스러웠는지 자신의 작품 세계를 곰팡내가 나도록 숨겼었다.

피카소의 전국 순회 전시회에 갔었다. 전시된 작품들은 단색화와 스케치류가 대부분이었다. 대중들이 쉽게 떠올리는 강력한 필력의 다시점多視點 작품들은 아니었다. 특히 구체물을 보이는 대로 묘사했다가 좀더 자기화하고 단순화해 나가는 작품들 앞에서는 외람될지 모르지만 딸의 그림이 떠올랐다. 딸에게 이야기했더니 아닌 게 아니라 본인이 제일 좋아하는 작가가 피카소라고 했다. 순간 왜 피카소의 작품들 앞에서 딸을 떠올렸는지 고개가 끄덕여졌다.

천재 화가인 피카소도 아버지와 관계가 악화될 정도로 고뇌에 찬 시간이 있었다고 한다. 그 결과는 후세의 사람들이 낯설어하는 작품들이 생산되는 계기가 되었다. 그뿐만 아니라 한때는 한 사람의 예술가이기보다는 일개 반역자로 내동댕이쳐지기도 했었다. 뜻을 같이한 이들의 변질로 인한 후유증이었건만 사회로부터 낙인이 찍힌 적도 있었다고 한다. 그러니까 우리가 아는 대화가의 삶에도 고뇌에 찬 시간들이 바닥에 깔려 있었다는 말이다. 그렇다면 딸도 예외일 수가 없을 터다.

어느 시대 없이 인생 선배들은 젊은이들을 걱정해 왔다. 그들이 예전처럼 전투적으로 살지도 않고, 포기를 밥 먹듯이 하는 등 안이하고 유약하게만 보였던 결과리라. 하지만 어쩌면 출구가 없는 문앞에서 예전보다 더욱더 치열하게 꾸려 나가고 있는 청춘들도 많다는 것을 기억해 주었으면 좋겠다. 그러니까 무에서 유를 만들어내는 것 또한 젊은 세대들이지 무덤 속 유골은 아니다. 청춘들을 먹빛으로 도배하고 보지 말아야할 대목이다.

알고 있다. 요즘 청년 세대들은 그동안 그리고 꿈꿔 왔던 나름의 자화상이 점점 멀어지는 것이 불만사항이라는 것 정도는 말이다. 하지만 비록 그 말이 사실이더라도 원점에서 다시 시작하면 안 될까. 비록 마주하고 있는 상황이 악순환이더라도 현실이 본인 삶의 바닥이라 생각하지 말고 더 떨어질 각오를 했으면 좋겠다.

할 수만 있다면 너덜너덜해진 본인의 자화상을 과감히 지우거나 뭉개는 것도 괜찮다고 본다. 아니면 시대의 변화상을 예민하게 읽고 작게 시작하면 어떨까. 그도 아니면 포기하지 말고 새로운 화풍을 만드는 것은 또 어떨지.

　미래가 불안할지라도 본인의 화구로 밑그림을 그리고 완성해 어른들의 걱정을 영원한 부도 수표로 만들어 달라고 하면 욕심일까. 딸의 그림 파일을 닫으며 혼자 중얼거린다.

사 갈 것 없나

"사 갈 것 없나?"

전화기 너머의 남편이 묻는다. 잠시 머리가 빙 돈다. 아무리 냉장고 안 모습을 그려 보아도 무엇이 필요한지 떠오르는 것이 없다. 남편은 사 갖고 들어갈 물건들을 하나둘 꼽는다. 마치 어정쩡하게 서 있는 나를 눈앞에서 보고 있는 것 같다. 생각해보니 아침에 냉장고 안을 훑어보며 본인이 말했던 것들이 대부분이다.

남편이 이렇게 파격적으로 집안 일에 관심을 가지게 된 데에는 계기가 있었다. 와이셔츠를 사오라고 했는데 일주일이 지나도록 까맣게 잊고 오갔던 것이 화근이자 시작이었다. 그 후 남편은 나를 한 수 아래 대하듯 했다. 그리고는 본인이 직접 장을 봐왔다. 더러는 가족들로부터 주문까지 받아서 장을 보기 시작했다. 남편의 입장도 이해는 된다. 아무리 기다려도 주부로서의 역할을 훌륭하게 해내지 못했으니 말이다. 그러다보니 결국은 구멍 난 자리를 본인이 살방살방 메꾸기 시작했다고 본다.

생각해보면 꼭 그 일이 아니어도 남편으로부터 그런 대접을 받을 만한 일은 솔직히 많고도 많다. 특히 그때의 그 옷 일만은 도저히 변명할 수가 없다. 시장이나 마트를 하루에 한번 꼴로 다니면서도 셔츠 심부름을 못했으니 말이다. 더구나 퇴근길에 남성복 매장이 없는 것도 아니다 보니 더더욱 할 말이 없다. 솔직히 털어 놓으면 점포 앞을 오가면서도 눈길이 가지 않았다. 더군다나 옷가게의 현수막이 막 잡아 올린 생선마냥 퍼덕거려도 까마귀 고기를 먹은 사람처럼 행동했다.

처음에 남편이 사 갈 것이 없냐고 전화로 물었을 때가 기억난다. 사실 그때는 손사래를 쳤었다. 나중에 큰소리치거나 생색을 낼까봐 지레 걱정되어서였다. 하지만 지금은 알토란처럼 장을 봐 오기에 자연스럽게 받아들이고 있다. 이런 변화의 또 다른 원인은 퇴직이라는 무시무시한 괴물이 자신 앞에 도사리고 있다 보니 자생력을 키워야 했으리라.

아침이면 눈을 반은 뜨고 반은 감은 채 출근 준비와 함께 앞치마를 두르는 것이 일상이다. 이때도 거드는 이는 남편이다. 그런 남편은 아침밥을 꽤나 중요하게 생각한다. 그러다보니 아침이 부산스러울 수 밖에 없다. 간혹 떡이나 빵으로 대신할 때도 있지만 극히 드물다. 특히 가족들이 양식보다는 한식을 즐기고 집밥 예찬론자들이다 보니 어쩔 수가 없다.

  남편 못지않게 아들도 집밥 애호가다. 책을 마주하고 있는 시간이 길다 보니 찬류는 고단백 식품류와 소화가 잘되는 쪽으로 준비해야 한다. 그런 음식들은 마른 반찬처럼 만들어 놓고 먹을 수도 없기에 자주 할 수 밖에 없다. 갈수록 퇴근 무렵에 오는 남편의 전화가 반가운 이유가 바로 여기에 있다.

  남편의 주문 중 열에 아홉은 "마트에 가려고 하는데……." 이거나 "마트인데." 이다. 이가 없으면 잇몸으로 산다지만 그 이가 나이고, 잇몸이 남편이 되고 보니 머쓱하기는 하다. 단지 이 변화가 본인을 위하는 일이자 또 다른 삶에 적응하기 위한 단계일 뿐 쇠락의 열매는 아니길 빌 뿐이다.

  "더 사 갈 것 없나?"

  남편이 또 묻는다.

건밤

대낮인데도 하늘이 까맣다. 어떻게 해야 할지 해결의 실마리를 찾느라 속이 탄 탓이다. 이야기를 듣는 사람들은 호탕하게 웃지만 내 속에서는 탄내가 난다.

실은 직장 일로 회식 후에 늦게 들어간 것이 문제였다. 저녁을 거하게 먹고 2차로 간이 술집에 갔다. 어느 순간부터 눈이 무겁다 했더니 벽에 등댄 시계가 새벽 한 시를 가리켰다. 몸에 습기가 느껴진 이유도 그제야 알았다. 평소 같으면 무척이나 당황스러울 시각이었지만 그날은 예외였다. 몇 달 전 부터 남편에게 누누이 이야기를 했던 터여서다.

대리운전 기사의 힘을 빌려 집 앞에 닿았다. 현관의 비밀번호를 눌렀더니 고장인지 열릴 생각은커녕 기계음만 냈다. 집 전화도 대답이 없고 남편의 전화기는 꺼져 있었다. 할 수 없이 딸에게 전화를 걸었다. 딸은 "열어 주고 싶은데" 라며 말끝을 흐렸다. 그 말은 남편이 막는다는 말이다. 섭섭하다 못해 황당했다. 그야말로 문 앞에서 쫓겨난 셈이다.

그때는 직장의 맏언니이고 보니 혼자 생각만 하고 행동할 수 없는 경우가 많았다. 그날도 그런 날 중의 하루였건만 상상도 못했던 일이 꼭두새벽에 생긴 것이다. 머릿속은 쭉정밭이 되었다. 계단에 서있기도 난감해서 지하주차장의 차 안으로 일단 피했다. 쫓겨난 모습을 이웃에게 들키지 않기 위해서였다.

신문지 등으로 창문을 최대한 가린 뒤 운전석에 누웠다. 운전석은 한 사람의 등짝 넓이에 불과했기에 몸을 뒤척일 수조차 없었다. 그나마도 의지할 수 있는 곳이 있다는 사실에 만족해야 했다. 오늘은 두고라도 내일에 대한 고민으로 속이 상했다. 하루살이들만이 백열등 주변에서 군무를 추며 위로해 주었다.

물론 수시로 내가 처해있는 상황을 남편에게 알리지 못했고, 걸려온 전화를 제때 못 받은 잘못이 있기는 하다. 하지만 그동안 연거푸 이야기했던 것은 무엇이었는지. 속엣소리가 비누거품처럼 올라와 억울한 심정을 되새김질 했다. 어느 순간부터는 점잖던 운전석마저 토라졌는지 조금만 움직여도 삐끄덕삐끄덕 소리를 냈다. 더 이상 내 편을 들어주지 못하겠던 모양이다. 그렇게 건밤을 보냈다

십여 년 전에도 이와 비슷한 일이 있었다. 회식 건으로 보통 때보다는 늦었더니 문이 새침을 떨며 열리지 않았다. 그날 또한 달력에 표를 해 두고 공유했던 끝이었기에 화가 났다. 얼마를 기다렸을까. 집안에서 철거덕 하는 쇠소리가 나서 들어갔더니 남편은 방 안 깊숙이 숨었는지 보이지 않았다. 쥐도 구석으로 몰리면 되문다더니 전혀 고맙거나 미안하지가 않았다. 오히려 평소보다 더 침착하고 냉담해지면서 이대로 물러서면 안 되겠다는 각오만이 선명해졌다.

혼자 속 끓이다 남편 몰래 시댁에 전화했다. 억울함을 호소할 참이었다. 몇 시간이나 흘렀을까. 계단 쪽에서 시어머니의 목소리가 들렸다. 도착하자마자 조용히 뜻 맞추며 잘 사는 줄 알았는데 이게 무슨 일이냐며 속상해 했다.

시숙 내외까지 걸음했다. 일이 확대되어 민망했지만 내친김에 남편에게 섭섭했던 일들을 모두 일렀다. 팔은 안으로 굽는다던데 그날은 모두 내 편이 되어 주었다. 민망하게도 남편은 완패를 당한 것이다. 그렇게까지 몰고 갈 생각은 없었지만 검증까지 받고 보니 목에 힘이 들어갔다. 이번 이 일은 두 번째다.

불편한 차 안에서 하룻밤을 버틴 탓에 온몸이 아파왔다. 얼마 전까지 병원 치료를 받았던 엉치뼈 쪽의 통증이 더 심했다. 그것보다 더한 것은 출근이 문제였다. 방법은 집에 들러서 잘잘못을 따지며 시한폭탄을 터뜨리는 것이다. 아니면 이도 저도 무시한 채 무덤덤하게 출근을 하고 생기는 일들은 부딪쳐 가며 풀면 된다. 이럴까 저럴까 고민하다 부스스한 머리칼을 손가락으로 대충 정리하고 출근길에 올랐다.

이른 시각이었건만 길거리에는 학생들이 개미장을 가듯 했다. 물론 새벽 운동을 다녀오는 웰빙족들의 모습도 눈에 띄었다. 창문을 죄다 닫았다. 그들의 눈에 비친 내 모습이 지레 걱정되어서였다. 그렇게 한참 달리다 사우나장을 발견하고 변신의 장소로 택했다.

주인은 뾰족구두에 정장인 손님이 들어갔는데도 이상한 표정 하나 없이 맞아주었다. 온탕과 냉탕을 오가며 묵은 피곤을 풀었다. 하지만 퇴근 후의 일이 머릿속을 맴맴 돌았다. 무슨 말과 행동으로 이 상황을 정리할 것이고, 남편의 반응은 어떠할 것인지 계산하느라 머리에서 김이 모락모락 올랐다.

푸석푸석한 얼굴로 나타난 직원들의 화제는 집에 들어간 이후의 이야기들로 모아졌다. 드디어 내 순서가 되어 현재진행형인 이야기를 대충했다. 동료들은 옹골찬 경험담에 혀를 차거나 목젖이 보이도록 웃는 등 반응들이 다양했다. 상사는 본인이 원인제공했으니 남편을 만나보겠다고까지 했다. 그의 과잉 동작과 농담으로 인해 사무실 안은 또 웃음바다가 되었다.

남편은 혼만 내고 말 일을 키웠다는 자책과 함께 걱정이 되었는지 사무실로 전화까지 했다고 한다. 그렇지만 둘 다 적극적으로 임하지 않은 탓에 냉전은 연 꼬리 잇듯 길어졌다.

세상의 그 어떤 일도 정해진 길로만 가는 것은 아니다. 더러는 논두렁 밭두렁에 자갈길로도 갈 수 있다. 사람에 따라서는 없는 길을 만들면서도 간다. 이런 이치를 적용시켜보면 그날 밤은 사고가 염려되었더라도 지금까지 살아온 흔적을 봐 느긋하게 지켜봐 줄 수 있었을 텐데. 생각할수록 기막힌 건밤이었다.

봉숭아 물들이다

손톱이 붉다. 열 손가락 끝에 단풍이 옮겨 앉은 듯하다. 아이들은 왜 피를 묻혀 다니냐며 장난친다. 건성으로 들으려다 효도하느라 그렇다며 큰 소리 친다. 그들은 무슨 엉뚱한 소리냐며 고갯짓을 한다. 다시 한 번 틀림없는 효도라고 목소리에 힘을 보탰지만 여전히 의아해 한다. 이는 손톱에 봉숭아 물들인 것을 두고 학급 아이들과 주거니 받거니 한 이야기다.

봉숭아물을 들였다는 건 친정에 다녀왔다는 증거다. 봉숭아 물들이기 대공사의 주인공은 친정 모친이다. 팔순의 모친은 당뇨를 애인처럼 끼고 산다. 요즘은 어떠냐는 문안 인사조차 식상할 정도다. 떼내어 내동댕이치고 홀가분하게 지냈으면 좋겠는데 거추장스럽지 않은지 수 십 년째 진행 중이다.

인심 좋은 당뇨는 이렇다하는 친구들을 데리고 드나든다. 발톱 무좀도 그중 하나다. 당뇨약을 먹고 있는데 무좀약까지 먹는 것은 무리다 싶던 중 봉숭아물을 손톱과 발톱에 들이기 시작했다. 효과가 있다고 지인들이 권한 모양이다.

봉숭아 물들이기는 친정에 들른 다른 자식들에게도 해주었다. 아예 꽃을 따서 백반과 함께 찧어두고 누구든지 오면 대공사에 들어갔다. 제 계절이 아닐 때에는 냉동실에 보관해 뒀다가 썼다. 그런 준비성 앞에서는 다들 할 말을 잃었다.

컨디션이 좋을 때는 절차가 제법 복잡하다. 먼저 밀가루 반죽을 짜장면 면발처럼 길쭉하게 만든다. 손톱을 둘러싸기 위해서다. 이는 봉숭아를 면발 안의 손톱 위에 소복하게 쌓더라도 봉숭아물이 넘어가지 못하게 하는 역할을 한다. 그런 뒤에는 랩으로 밀봉하고 실로 사알짝 맨 채 하룻밤을 지내라 했다. 몸부림을 치느라 하얀 이부자리와 옷에 울긋불긋 물이 들어 볼썽사나운 일이 생겨도 연중행사처럼 이어졌다.

백반은 냉동실의 구석진 곳에 있다. 비닐에 싸인 채 보관되어 있다가 붉디붉은 봉숭아와 함께 제 역할을 한다. 그러니까 두고두고 쓸 요량으로 장기전에 대비한다. 알고 보면 다들 기겁을 하는 파충류까지 물리치니 손톱 염색쯤이야 누워서 식은 죽 먹기였으리라.

여름의 끝자락을 예약한 어느 여름날에도 코흘리개 어린아이

마냥 열 손가락을 내밀고 앉아 있었다. 마주 앉은 모친은 돋보기 너머로 봉숭아 꽃잎을 손톱 위에 넉넉히 올려 주었다. 한여름의 시름을 몸에 안은 봉숭아는 바닥 쪽으로 흘러 내렸다. 미끄럼까지 타며 개구쟁이짓을 연거푸 했다. 봉숭아물이 뚝뚝 떨어져도 시간을 낚는 뱃사공처럼 가만히 앉아 있었다. 실은 봉숭아 물들이기가 목적이 아니고 짧은 시간이나마 가만히 앉아서 쉬게 하려는 마음이 먼저라는 것을 익히 알고 있었기 때문이다.

또 있다. 솔직히 미끄러지는 꽃잎을 주워 담는 모친의 손길이 민망하고 황송하여 어린 양이 되지 않을 수 없었다. 이렇게 상전 아닌 상전으로 앉아 이리저리 눈동냥 하던 중 눈앞을 바삐 오가는 모친의 손등에 눈이 갔다. 고목의 등피 같은 손이었다. 제법 통실통실 살이 올라있던 예전의 모습은 간 곳이 없었다. 대신 물기 빠진 나무작대기처럼 무뚝뚝하기만 했다. 자연에서 태어났더라고 그곳으로 돌아갈 준비가 착착 진행되고 있었더라는 말인지.

모친의 손톱은 한 수 더 뜬다. 굴곡진 삶을 대신 말해주겠다는 듯 가뭄 든 논바닥처럼 갈라져 있었다. 그것뿐만 아니라 얇디얇던 청춘의 손톱 대신 세월의 두께가 얹혀 있다. 손톱깎이조차 들어가기 힘들 정도로 두꺼워 목욕을 한 날이어야 깎을 수 있다고 한다. 그러면서도 뚫어져라 쳐다보는 시선이 부담스러운지 봉숭아 물들인 얼굴을 붉히며 밀려나와 있었다. 숨겨져 있던 손톱이 감씨 같은 희멀건 얼굴을 드밀며 스멀스멀 나오니 어쩔 수 없이 세대교체 했으리라.

　보름달도 하루가 다르게 살이 빠져 더 이상 온화할 수 없는 순간을 맞는다. 기울다 기울다 기운이 모두 쇠해진 어느 날은 흙빛 어둠을 토해내고 후덜덜해진 채 온몸을 감춘다. 이는 다음 세대를 위한 후퇴요, 자리바꿈 현상이다.

　친정 모친의 온몸도 자연의 이치를 통째로 보여준다. 언제까지 꼬장꼬장할 것 같았는데 어깨 근처에서 먼저 각을 만든다. 그 다음에는 허리 즈음에서 한 번 더 꺾인다. 이 부분에만 미치면 눈이 시리고 간담이 서늘해져 애써 눈길을 돌리게 된다.

조연

작품을 바닥에 깔아 놓고 고르고 있다. 개인전을 위해서다. 정물화 한 점에 자꾸만 눈길이 간다. 실은 도대체 집중이 안 되어서다. 마음에 들어서 그랬다면 얼마나 좋을까.

가장 큰 문제는 요란한 배경이다. 화병에 꽂힌 주인공보다 배경이 튀어 나오며 잘난 척한다는 거다. 정물화는 적절한 구도와 색으로 주제를 살려야한다. 융통성 있게 봐주려 해도 작품의 배경은 제 잘난 맛에 거들먹거리고 있다. 바깥나들이를 하기에 주객이 바뀌어도 너무 바뀐 것 같다. 흡사 남의 옷을 입혀 둔 것처럼 보인다.

속을 끓이다 그대로 두기로 한다. 솔직히 다시 손을 대서 바꾸고 싶지만 그나마도 갖고 있던 균형과 분위기를 깰까봐 염려스러워서다. 또 하나, 작품을 매만질 시간이나 고민할 여유도 없다. 할 수 없이 뒤도 안 돌아보고 기름칠로 마무리한다.

남은 것은 그림이 마르도록 기다리기만 하면 된다. 칭얼대는 아이를 억지로 재운 뒤에 깰까봐 염려하는 듯 조심한다. 표면이 꺼덩꺼덩할 때까지 얼마가 지났을까. 잠시 뒤 들여다본 작품은 의외다. 놀랍게도 돋보이려고 용을 쓰던 붉은색 계열의 배경이 조연답게 뒤로 물러나 있다. 그와 반면 주인공이지만 시선을 못 받았던 정물들은 언제 그랬냐는 듯이 튀어 나와 있다.

이제야 제 자리를 잡은 것 같다. 뿌옇게 보이던 작품이 선명해지고 윤기마저 흐른다. 주인공과 조연이 역할을 제대로 하고 있다는 표시다. 마음을 졸였었는데 크나큰 반전이다. 덧칠한 기름의 공이 컸다고 본다. 그렇다면 기름칠이야말로 주연을 돋보이게 하는 확실한 조연이라 할 수 있다.

아들도 조연 역할을 표나게 한 적이 있었다. 초등학교 6학년 때 일이었다. 전교회장 선거에 아들의 친구가 출마한다는 이야기가 돌았다. 그로부터 남의 아들을 전교 회장으로 만들기 위한 일이 우리 집에서 수시로 열렸다. 연설문 작성과 함께 구호 만드는 일 등이 먼저 시작되었다.

후보자가 선거에 임하는 자세부터 지도했다. 덧붙여 목소리에 힘을 입히는 방법, 손동작에 이르기까지 보태준 종목도 다양했다. 아들을 비롯한 운동원들은 따로 가르쳤다. 제일 강조했던 것은 후보자를 돋보이게 하는 조연의 역할이었다.

  후보의 부모는 황당해 하면서 긴가민가했다. 우리 내외의 행동이 평범해 보이지 않았을 줄 안다. 전교회장 선거가 무엇이라고 남이 저러나 했으리라. 이해된다. 우리가 아니라고 했지만 혹자는 후반기 출마를 염두에 두고 얼굴 알리기 작전 정도로도 생각했을 것 같다.

  하지만 그런 의심은 아들과 우리 내외의 생각과는 거리감이 있었다. 거의 괴담 수준이었으니 말이다. 물론 이런 의심은 그 해의 2학기 선거를 앞두고 밝혀졌다. 동네방네 다니면서 이야기 하지는 않았지만 우리 내외를 몰라도 너무 몰랐던 사람들의 이야기는 싱겁게 끝이 났다. 물론 오해도 간 곳이 없어졌다.

  하기는 아들조차 고개를 갸웃했었다. 본인이 출마하는 것도 아닌데 제 부모가 열을 내니 말이다. 아들의 마음을 모르는 것은 아니었다. 하지만 주인공이 드러나도록 하는 조연의 역할을 가벼이 볼 일은 아니라며 설득했다. 비록 초등학교 전교회장 선거에 불과하지만 본인의 역량을 넓히는 장이 될 수도 있다는 이야기까지 곁들였다.

  이 일은 아들에게 큰 인물을 알아보는 안목이 있었으면 해서 시작했다. 한걸음 더 나아가 골라낸 사람이 제 몫을 다하도록 거들면서 보람을 느끼는 계기가 되었으면 하는 바람도 있었다. 이 또한 욕심이라면 욕심일 수 있지만 과감히 밀고 나갔다. 이런 생각이 가상했는지 아들은 전 후반기에 걸쳐 두 명의 전교 회장이 뽑히는데 한 몫을 했다. 부모 마음이야 그 자리가 아들의 것이었으면 하는 바람이 솔직히 있었다. 하지만 최선책이 아니면 차선책도 괜찮을 일이기에 망설임이나 후회가 없었다.

아들은 허투로 농담을 즐기지 않는다. 분위기를 살릴 정도의 거물급이기보다는 오히려 다정다감하고 자상한 편이다. 제 밥값은 하되 겸손한 축에 들고 정의감이 남다르다. 더러는 소시민적인 요소가 돋보이기도 한다. 고만고만한 집에서 자란 영향 같다. 그런 아들에게 사람을 볼 줄 알고 가려가며 사귈 줄 아는 안목이 있었으면 하는 바람은 지금도 진행 중이다.

노자의 도덕경에도 비어 있는 '허' 공간은 '실' 공간을 위한 쓰임이라 했다. 즉 배경이 주제보다 더 두드러지고자 할 때 화면 안에서 조화로움은 사라지고 불협화음이 생긴다는 이론이다. 즉, 주제와 배경은 서로 구분되어 있는 것 같으면서도 한 몸을 이루어야 한다는 이치다. 아들 또한 그렇게 노출되지 말라는 법은 없다. 그때는 지나간 조연의 역할이 '실'을 위한 단련이자 연습이었다는 것을 이해하게 될 것이다.

다육이

우리 집 아이들은 틈만 나면 나를 협박한다. 더러는 옆구리를 찌르기까지 한다. 아이들이 집요하게 매달리는 것은 반려동물을 키우자는 거다. 그럴 적마다 허락할 수 없는 이유를 말해도 쉽게 포기가 안 되는 모양이다.

자신이 가정을 꾸리면 이것도 기르고 저것도 키우겠다며 시위한 지 제법 되었다. 희귀동물을 키우는 제 친구의 이야기를 가지고 와 채근질도 한다. 매번 그 또한 하나의 생명체이기에 무한 책임을 져야하는 것이 부담스럽다고 해도 늘 허기져 있다. 성공담이 연 꼬리 잇듯이 이어지니 말이다.

두 마리의 강아지를 키우는 분이 가까이 있었다. 독신인 그분은 강아지가 적적한 집안에 활기를 안겨주고 동지애랄까 가족애를 느끼게 해 준다며 흐뭇해 했다. 자식처럼 돌본 지도 십여 년이나 지났다. 간혹 사람도 못 먹는 육포를 먹이는 등 들어가는 경비가 만만찮아 보이건만 동물 사랑은 더해만 간다. 대소변 처리로부터 북적이는 털도 장애가 아니라 한다. 이와 같이 장점을 조롱박 매달듯 대롱대롱 엮어낼 때는 내가 무슨 문제가 있어 보인다.

솔직히 나는 식물을 키우는 것도 힘들다. 때 맞춰 물주기와 환기를 시키는 기본적인 일에서조차 데면데면할 정도다. 한 수 더 떠서 축하 화분 받는 것까지도 부담스러워한다. 그러다보니 반려동물 애호가들의 동물사랑이 유별난 행동으로 보일 때가 사실 많다. 그러던 중 우연찮게 식물을 키우게 되었다.

계기가 된 것은 수년 전 직장에서 일이 생겼다. 동료 몇 명으로부터 왕따를 당한 적이 있었다. 그러다보니 아침에 눈을 뜨는 것이 고통이었다. 그들은 무슨 일이든 잘 되면 자기들 덕으로 생각했다. 그와 반면 잘못되면 무조건적으로 시스템이나 문제를 푸는 방법이 다를 때가 많았던 내 탓으로 돌렸다. 직장에서 전체적으로 아우르는 집사의 역할을 하다 보니 인정받을 일 많았던 것이 눈에 가시였던 것 같다. 서푼어치도 안 되는 자존심이지만 맞닥뜨릴 수밖에 없는 복도나 공개된 장소에서까지 투명인간을 만드는 데는 등골이 오싹해질 정도였다.

그러던 어느 날 직장 행사로 어쩔 수 없이 고속도로를 이용해야할 일이 생겼다. 그들이 천천히 갈 터이니 따라오라는 말만 믿고 나섰다. 문제는 고속도로에서 생겼다. 갑자기 비바람이 내리쳐 앞이 안 보이는 악천후가 펼쳐졌다. 그것보다 더했던 것은 앞서 가던 차량의 운전자였다. 출발할 때 한 말과 달리 백 킬로 이상의 속도로 도망치듯 내달려 도저히 따라갈 수가 없었다. 그들은 내가 교통사고 이후 고속도로와 IC 두려움증이 있는 것을 알면서도 줄행랑쳤다. 무슨 일이 있었다 해도 뒤따라오는 차를 고속도로에 버려두고 종적을 감춘다는 건 말이 안 된다.

 소리 없이 저지르는 고문 등등을 이겨내야 하는 하루하루는 시퍼런 멍울을 수도 없이 남겼다. 어느날 부터는 신경성 말초신경염증 비슷한 증세가 오른쪽 엄지손가락에 생겼다. 이 모두가 세상을 향한 내 목소리였으니 몸에게 미안할 뿐이었다. 앞으로도 얼마나 있어야 지난 시간들에 대한 기억이 희미해질지 모를 일이다. 확실한 게 있다면 두 번 다시 바람 빠진 풍선과 같은 그때를 떠올리고 싶지가 않다는 거다.

 간과할 수도 없는 일들이 일상이 되던 어느 순간부터는 그들을 포기했다. 할 수 없이 그저 소신껏 임하기로 마음을 다졌다. 또한 사람으로 인해 다친 마음의 상처를 치료할 비상구가 필요했다. 이리저리 다니며 찾으려고 용을 썼다. 먼저, 사람은 일순위로 제외시켰다. 그 다음으로 동물도 사람 이상으로 손길이 필요하기에 외면했다. 그러다가 식물에서 약을 찾았다. 물을 자주 주지 않아도 된다는 꽃집 주인의 권유로 마음을 정한 건 바로 다육이었다. 나를 곧추세우기 위하여 하나둘 사다 모은 것이 드디어는 수십 종에 이르렀다.

다육이는 아침 출근과 함께 소꿉장난하듯 창밖으로 내어 놓았다가 퇴근할 때는 실내에 들이기를 반복했다. 그것뿐만 아니고 열에 하나라도 배곯을까 내 목을 축일 적마다 물까지도 나누어 먹였다. 다육이는 물을 조금 과하게 주면 노곤해하면서 병이 들기도 했다. 물은 화분의 웃 흙이 꺼덩꺼덩 마른 후에 주어야하는데도 불구하고 해악질을 한 셈이다.

그렇게 왕초보 노릇을 하면서도 억지로 화분수를 줄이거나 없애는 일만은 없었다. 햇빛도 중간다리 역할을 참하게 해 주었다. 다육이는 일정 시간이 지나면서부터 토실토실 살이 오르고 제 분신을 수도 없이 만들어냈다. 더러는 오가는 이들에게 나눠주면서도 화분들 수가 풀빵 부풀어나듯 늘어났.

다육이는 노골적으로 칭얼대지도 않았다. 오히려 사막의 낙타처럼 생명력이 강했다. 죽은 줄 알고 화분을 엎다보면 새순이 발견된 적도 많았다. 이는 그동안의 손길을 기억하고 화답하는 의리로 보였다.

화분도 키 자랑하는 것보다는 펑퍼짐하고 넓은 것이 어울린다. 그것도 화려한 무늬나 유약을 바른 것보다는 숨구멍이 여드름 자국처럼 송송 나 있는 것이 좋아 보인다. 개인적인 취향인지 깨지고 허접한 그릇이 제격일 때도 많다. 세월의 나이가 읽히는 기왓장에 몸을 맡긴 것도 멋스럽다. 장인이 빚었지만 가마에서 구워지다 실패한 옹기류로 집을 장만해 주어도 제 식솔들 갈무리하는데 불평이 없다. 오히려 흙 본래의 질감이 편안하게 와 닿아 본인 옷을 입은 것 같다. 몸을 담아내는 것조차도 수더분한 것이 좋다는 말이다.

우리 주변에는 갈수록 힐링의 방법이 많아지고 있다. 독서, 음악, 미술, 원예 등 낯선 얼굴들을 접할 기회가 많아지고 있다. 평균수명이 늘어나고 사람들의 기호가 다양해진 이유다. 이들을 잘만 활용한다면 위기에 처해 있거나 타다만 숯동강들처럼 살고 있는 현대인들에게 맞춤형 처방이자 묘약이 될 것이다. 단, 주변 사람들과 공존해야 하니 본인의 취향이라 할지라도 까다롭게 택할 필요는 있어 보인다.

오늘도 창틀의 다육이가 나를 지켜주고 있다.

만화경

아들이 돌아왔다. 이국 만리에서 세상 공부를 하고 왔다. 아들은 집에 도착하자마자 가방의 빗장을 풀었다. 가방 속의 물건들은 가지가지 경험들과 함께 잠들어 있다가 한걸음 한걸음 걸어 나왔다. 그것들을 손에 넣기까지의 고민들이 귀엣소리로 들렸다. 보낸 시간들도 짐 속에 차곡차곡 쌓여 있다가 기지개를 켜면서 가슴에 와 안겼다.

가족들에게 줄 선물이 모습을 드러냈다. 쥐꼬리만큼 보낸 용돈을 요모조모 떼고 붙인 끝에 들고 온 물건들이다. 포장에는 꼬질꼬질한 손때가 찍찍이처럼 붙어 있었다. 연줄 묶듯이 데리고 다닌 흔적이리라. 특히 검소한 성격의 아들을 떠올려 보면 과하게 차린 밥상 같다. 여행의 기술이야말로 절제하는 소비에서 나올 텐데도 무리를 했다고 본다. 펼쳐놓은 선물과 이야기들 덕분에 지구촌의 생얼굴들을 두루두루 접했다.

　여행관련 사이트에 대해 전해 들었다. 사이트의 주인은 여행 중에 특이하게 생긴 만화경을 구입했다가 잃었다고 했다. 실은 아들도 해외에서 돌아올 때 그간의 시간과 추억이 담긴 가방을 항공사의 실수로 잃었다가 되찾았다. 아들에게 있어서 가방은 자신의 모든 것이 담겨있던 재산 1호였기에 난감했다. 그런 기억이 있다 보니 만화경 이야기는 가볍게 읽히지 않았다.

　만화경은 여러 개의 거울로 이루어져 있는 광학 장치다. 만화경 안을 들여다보면 들어 있던 색유리 조각들이 또 다른 거울에 비치고 또 비쳐 대칭 무늬를 만든다. 아들의 24시간도 진로문제로 점철된 지뢰밭이자 만화경을 만들어 가는 과정으로 보인다. 단지 만화경 속의 작품처럼 총천연색이 아니라 불투명한 간유리로 보여 속이 더부룩할 때가 많은 것이 차이라면 차이다.

　청년 실업이 세계적인 추세인줄 알지만 현실이 뾰루지이자 암덩어리 같아 화가 치민다. 하지만 아들에게 이런 문제를 내놓고 불평한 적은 없다. 깊이 있는 대화도 물론 피하고 있다. 지켜보는 입장이 이러하면 당사자는 오죽하랴 싶어서다. 그런 아들은 본인 앞에 펼쳐져 있는 길로 계속 가야 하는지, 말아야 하는지 헷갈려하며 머리를 쥐어짰다. 그렇게 우왕좌왕하다 마음을 잡은 지는 불과 얼마 되지 않았다. 자신이 계획했던 24시간과 현실이 같은 선상에 있지 않다는 것을 뒤늦게사 발견하고 내린 결정이었다. 드디어는 제 삶의 만화경을 보수하고 부품까지 교체했다.

　세상의 기침소리에 아들의 지축은 흔들리다 못해 쩍쩍 갈라지며 지진으로 이어졌다. 그것뿐만 아니라 하잘 것 없는 잠시 잠깐의 재채기와 딸꾹질에도 아들의 만화경 속은 경기를 하듯 하얗게 질리고 자잘한 금이 수도 없이 생겼다. 물론 난리가 나기 전에 전조현상이 나타나기도 했었다.

　더러는 밤을 하얗게 지새웠다. 다른 거울을 끼우고 거울과 거울이 어떤 각을 이루도록 할 것인지 고민도 했었다. 하기는 이 모두가 앞으로 나아가기 위해서 거쳐야할 과정인 줄 안다. 부모 눈에는 생채기가 먼저 보여 속이 쓰리지만 말이다.

　우리들도 제 삶에 몇 개의 거울과 유리판으로 만화경을 만들지는 본인이 결정한다. 그 결과 원했던 것을 손에 쥐기도 하고 관계없는 상황과 마주할 때도 있다. 하지만 원하는 세상을 두 손에 쥐지 못했다고 삶을 내동댕이치지는 않는다. 반대급부로 본인 생각과 다르게 세상사가 용트림해 와도 태풍의 노예가 되지 않으려고는 한다. 어쩌면 절대로 누리지 못하거나 손에 잡지 못한다 하더라도 또 다른 파랑새를 찾아 나서는 이들은 많다.

　아들의 짐을 다시 쟁여 넣는다. 가족과 아들의 바람을 옷가지들 사이에 슬쩍 넣었다. 대학촌으로 돌아가야 해서다. 좋기로는 숨겨 놓았던 생각과 말들을 내어놓고 속사포 쏘듯 할 수도 있었지만 말았다. 아무래도 말이 가벼워 보여 마른침만 연거푸 삼켰을 뿐이다. 그런 숨은 뜻을 아는지 가지가지 물건들은 부대끼면서도 별 불평 없이 가지런히 누웠다. 화려하지 않아도 좋으니 아들만의 만화경을 기대하며 옷 사이에 잠들어 있던 바람까지 뺐다. 아들의 삶 안에 들어 있던 거품까지 쫓겨났는지 짐들이 근육처럼 제법 단단해졌다.

  아들은 지금도 휴식과 쉼터에 목말라 하면서 본인의 만화경을 고치고 있다. 한 발자국 더 나아가 세상과 눈 맞추려고 충전기에 발전기까지 이용하면서 제2, 제3의 색을 끊임없이 만들어 가고 있는 아들의 뒷모습이 처연하다.

면접

전화기를 든 남편의 대화가 길다. 누가 아침부터 출근길을 방해하냐고 물어도 대화에만 열중할 뿐 들은 척도 안한다. 귀 기울여보니 면접을 보러 가는 아들과의 대화다. 남편은 넥타이를 못 매서 쩔쩔매고 있는 아이에게 세탁소에 가라고 시킨다. 주인아저씨의 힘을 빌리라는 뜻이리라. 사용 후에는 그대로 벗어 두었다가 또 쓸 일이 있으면 목에 끼우라는 등 내용도 다양하다.

아들은 늦은 나이에 이과에서 문과로 옮겼다. 그러다보니 제 또래보다 졸업과 직장문제가 한걸음 늦게 시작되어 쫓기듯이 살고 있다. 면접 시장에서도 바닥을 친 것이 아닌지 뾰족한 소식조차 없다. 내로라하는 대기업의 최종 CEO 면접을 볼 때는 무조건 되는 줄 알았다. 하지만 일곱 명을 뽑으면 여덟 명째, 여덟 명을 뽑으면 아홉 명째였다. 목줄을 죄는 것 이상으로 잔인했다.

되돌아보니 우리 내외는 본인이 그렇게도 가고 싶어하던 글로벌 회사들의 최종 면접에서 떨어질 때만 해도 격려를 아끼지 않았다. 그러니까 후보 1번에서 대기 1번이라는 결과표를 손에 들었을 때는 최종선 안으로 들어가지 못했다 해도 그 고충이 훗날 토양을 만드는데 거름으로 쓰일 것이라며 응원까지 했었다. 하지만 아들은 세상의 손금이 고르지 않다는 것을 알고 있기에 늠름한 척, 아무렇지도 않은 척했다.

어느 순간부터는 엉덩이에 종기가 나도록 의자랑 씨름하면서 면벽 좌선하는 선사처럼 달력을 넘겼다. 어느 날은 이틀 밤을 꼬박 새워 자기소개서를 스무 장 이상 썼다고도 했다. 가능성이나 발전성 등은 뒤로 하고 불안으로부터 탈피하기 위하여 그냥 해 보았다는 거다. 짠하기 그지없었다.

상황이 이러하다보니 갈수록 한 우물만 파라는 이야기나 파고 싶은 우물을 어떻게 하라는 말은 못한다. 한걸음 더 나아가 세상과의 면접이나 경제활동의 시험대에서 승전보를 울리라는 말은 더더욱 할 수가 없다. 세상은 넓고 할 일은 많다는 격려까지 책 속의 고루한 옹알이 같아 함구증 환자로 살고 있다.

특히 관심도 없는 곳에 원서 냈다는 말에는 여름에 겨울철의 털옷을 둘둘 감아 입은 느낌이 들었다. 이렇게 동토의 땅에서 사는 기간이 길어질 줄 알았으면 대기업의 문 안으로 들어갔을 때

묵묵히 다니도록 담금질 했을 일이다. 하지만 어쩌겠는가. 이미 지난 일이자 쏟아진 물이다. 그렇고 그런 일 뒤로 요즘은 소 잃고 외양간이라도 고쳐야 되면 고칠 생각까지도 하고 있다.

면접에 임하는 아들의 말은 본인의 뒤틀린 행로와 불안한 심정을 그대로 보여줘 생목이 잡혔다. 그럴 리는 없겠지만 더러는 짜인 각본이 있는데도 불구하고 최종 면접까지 들러리로 간 것은 아닌가 하는 비겁한 생각도 들었다. 패잔병의 변명이지만 솔직히 그런 생각이 자주 들었다.

취업이 죽은 자와 산 자를 구분 짓는 막다른 경계선이 아닌 줄은 안다. 그런데도 불구하고 아들은 부모로부터 용돈 받는 게 힘들었는지 방향을 바꾸고 말았다. 가보지 않은 길에 대한 위험이나 부담이 그곳에도 있지만 가만히 앉아서 기다릴 수 없었던 모양이다. 그 결과 여전히 책 보따리와 함께 이른 시간에 나서서 밤이슬을 맞으며 들어온다.

긴 가뭄에 아들의 목을 적셔줄 단비는 언제쯤 내리려는지.

무노동 무임금

둘째 아이는 낯을 익히기가 힘든다. 특히 사춘기라는 병을 치른 뒤에는 몸에 추라도 매단 듯 주변까지 무겁게 했다. 알고 보면 그런 중에도 밖에서는 관계가 맺어지기만 하면 분위기를 만드는 능력이 신기할 정도다. 그나마도 다행이다.

어느 날, 마음대로 되지 않는 아이의 뒤통수에다 대고 거침없이 속엣소리를 내뱉고 말았다. 아니나 다를까. 그로 인해 아이와의 대화는 용돈 줄 때 뿐이고 거의 냉기가 흘렀다. 사정이 이러하다 보니 회춘의 기회를 준다 해도 그때로 돌아가는 것이 두려울 정도다.

아이는 조심성이 없는지 깨트리거나 고장을 잘 냈다. 그러다 보니 상황과 관계없는 일까지 덤으로 얹어 탓할 때가 많았다. 아이의 입장을 이해하기보다는 구석진 곳에 몰아넣거나 혼자 생각하고 결론까지 내리는 경우가 허다했다. 아이는 그럴 때마다 억울하다며 목소리를 높였다. 이런 일의 반복은 모녀의 관계를 최악으로 몰고 갔다. 왜 그랬을까 후회할 때가 많지만 이미 지난 일들이 꼬장꼬장하게 제 얼굴을 디밀고 나온다. 뒤늦게사 혀를 차게 되는 이유이기도 하다.

아이에게 방학 때는 용돈을 주지 않겠다고 했다. 주변 사람들은 오죽하면 그러겠냐며 응원하는 이들이 많았다. 반면에 너무 심하다며 탓하는 사람도 사실은 있었다. 물론 과정이나 이유를 듣고 난 뒤에는 거의 내 편이 되지만 모두들 쉽게 포기하게 될 거라며 한마디씩 했다.

매정하게 결정한 것은 모 지방지의 기사를 읽은 뒤였다. 기사는 어느 중소기업의 사장님이 자녀 중 맏이를 강하게 키우기 위해 신문배달에 뛰어들게 한 내용이었다. 놀라운 것은 본인도 1년여 동안 같이 했다 하니 입이 다물어지지 않았다.

기사를 접한 지 불과 얼마 되지 않은 어느날, TV 뉴스에서 또 만났다. 우연히 두 번에 걸쳐 생얼굴을 본 셈이다. 듣다보니 사장님의 생각과 행동도 예사롭지 않았지만 아이의 근성 또한 돋보였다. 지금까지도 그 이야기가 새록새록한 것은 그야말로 참 교육이요, 진정한 자식 사랑으로 보여서다.

드디어 미미하나마 사장의 철학을 흉내 내기에 이르렀다. 근로의 참맛을 알게 하고 세상 공부를 시키겠다는 생각에는 몇 번의 고비가 있기는 했었다. 하지만 나름대로 응용해서 무노동 무용돈을 밀고 나갔다.

방학을 맞이한 아이는 말로만 끝날 줄 알았던 최악의 순간이 펼쳐진 것에 무척 당황했다. 더군다나 영재도 아닌 아이를 오라거나 환영하는 곳이 없었으니 딴에는 속도 탔으리라. 그렇게 일거리를 찾아 헤매다 유명 프랜차이즈점에서 일하게 되었다.

수습기간이 끝나고 나서야 그동안 있었던 일거리 찾기에 관한 이야기들을 들려주었다. 일만 시켜주신다면 후회하지 않도록 하겠다며 아부성 발언까지 했다고 한다. 지금까지 해 보지 않았던 말과 행동을 하려니 비굴했던 기억이 떠오르는지 얼굴을 붉혔다. 무노동 무임금으로 시작된 세상과의 첫 대면을 듣다가 그만두라는 말이 목으로 넘어왔다. 하지만 침을 꿀꺽 삼켰다.

검은색 카메라 한 대가 눈앞에 있다. 아이가 받아온 아르바이트 경비에다 남편이 거들어서 장만한 것이다. 평소 필요하다고 이야기를 한 적이 있었지만 모르쇠로 임했었다. 하지만 막상 제 돈을 내놓으니 기특하기도 하고 고마워서 보태주었다.

카메라에는 그동안의 사건들이 따개비처럼 덕지덕지 붙어 있는 것 같았다. 고객들에게 억지웃음을 지은 것으로부터 상사나 직원들로부터 억울한 대접을 받았던 일들은 시커멓게 타서 카메라의 몸이 되었으리라. 그러고 보면 카메라는 둘째에게 세상인심이 결코 호락호락하지 않다는 것을 몸으로 익히게 한 스승이다.

　세상의 일은 수학의 공식처럼 정확하지 않다. 연막탄 터진 곳에서처럼 실루엣만 보일 때도 있다. 아니면 눈과 코가 매워 방향 감각을 잃기도 한다. 더러는 세월을 훌쩍 뛰어 넘어 사후에 밝혀지는 경우도 많다. 그렇다면 최대한의 고비까지도 각오해야 한다. 꿈의 순도가 높을수록 더욱더 옥죄야 할 순간들이 있다는 것은 동서양을 막론한 역사책에서 많이 보았기에.

톺아보기

찬바람이 인다. 온몸에 서늘한 냉기마저 덮친다. 어디에서 바람이 들어온다는 말이다. 굳이 애써서 원인을 찾지 않아도 알기는 안다. 주인이 없어서 불을 넣지 않고 있는 아들의 방이 틀림없다. 방문을 열고 들어섰더니 주인 잃은 물건들이 둘러앉았다가 놀란 모양새다. 그것도 잠시 자분자분 이야기를 건네 온다. 눈인사를 주고받다가 나오는데 나달나달해진 옷가지들이 줄 끊어진 연이 되어 발목을 잡는다. 내친김에 아들의 방을 좀더 톺아본다.

아들은 인생의 대목을 맞이하기 위해 지칠 줄 모르고 경기에 임했었다. 어느 날 교환학생으로 해외에 가야 되겠다고 하더니 곧바로 실천했다. 그것도 고생하기로 작정했다며 한국 사람이 없는 낯선 곳을 고집했다. 하지만 그것이 만만찮았는지 유럽의

심장이라 할 수 있는 나라로 바꿨다. 그것을 시작으로 제 시간을 쟁이는 일이 한여름 내도록 이어졌다.

아들은 바지런한 성격에 음식도 가림이 없다. 정신력은 굳이 말하지 않아도 될 정도니 무슨 일이든 믿고 맡기는 편이다. 그럼에도 불구하고 출발해야 할 날이 다가오자 짐을 싸고 푸는 일이 반복되었다. 최대한 부피를 줄여야 하니 용을 쓸 수밖에 없었다.

딴에는 가지런하게 접어 넣는다고 했지만 접었다가 펴기를 반복하는 것이 마뜩찮았다. 답답해서 대신 나섰다. 그런데 옷가지들이 수상쩍었다. 몸에 걸치고 다닐 적에는 몰랐는데 색이 바래고 낡은 정도가 심했다. 혼자 궁시렁궁시렁했더니 흘려듣지 않았는지 구제라서 그렇다고 했다.

귀를 의심했다. 구제는 길가의 구석진 상가나 뒷골목 어딘가에서 파는 헌옷이라고 알고 있는데 그 말을 아들의 입에서 듣게 된 것이다. 하기는 입는데 신제품이면 어떻고 구제품이면 어떨까마는 알량한 자존심이 시원하게 넘어가 주지 않았다.

아들은 내 시선이 제 옷에 붙박이처럼 꽂힌 게 의식되었는지 옷의 가격들을 늘어놓았다. 듣는 내도록 부모 노릇조차 못해 준 것 같아 내놓고 호응을 해 줄 수가 없었다. 그 마음을 아는지 모르는지 아들은 오히려 싱글벙글했다. 어느 것은 중학교 때 샀는데 아직도 입을 만하다며 십여 년 전에 구입한 옷의 늘어진 목덜미를 감추었다. 그 옷은 단박에 알아볼 수 있을 정도로 눈에 익었다.

연주회에 가려면 필요할 것 같아서 샀다는 흰색 셔츠는 제 몸에 가져다 대며 춤사위까지 보탰다. 지인 중에 옷의 가격을 묻는 이가 있더라며 본인의 안목까지 자랑했다. 솔직히 그 옷은 보푸라기가 생겨 있고 얼룩이 비치건만 내 시선에 대해서는 끝끝내 모르쇠였다. 그렇게 아들은 지구촌을 향해 출발했다.

몇 달 뒤 카톡 속의 사진을 보고 뜨악했다. 까까머리 청년이 싱거운 미소를 머금은 채 공중제비 놀이에 빠져 있었다. 아들이었다. 아들의 더부룩했던 머리칼은 어디 가고 군 입영을 눈앞에 두고 있는 것 같았다. 알고 보니 손길이 닿는 곳은 본인이 깎고 뒷머리는 외국인 친구들이 거들었다고 했다. 고르게 자르려고 톺아보기를 얼마나 했을지 상상이 안되었다.

이발한 이야기를 듣다 보니 아들이 유치원 다닐 적 일이 떠올랐다. 집안일을 하던 중 조용해도 너무 조용한 집안 분위기에 까치발로 찾아 나섰다. 이 방 저 방에도 없던 아이들은 좁디좁은 서재 방에서 발견했다. 순간 기절하는 줄 알았다. 두 아이는 책으로 둘러싸인 방에 사이좋게 마주 앉아 있었다. 거기까지면 좋으련만 아들이 여동생의 멀쩡하던 머리카락을 해괴망측하게 만들고 있었다. 이쪽저쪽 할 것 없이 가위로 벌집 쑤셔놓듯이 헤집어 놓은 것이다.

　아들은 내가 도끼눈으로 나타났는데도 불구하고 입을 실룩거리며 가위질 중이었다. 문제는 무딘 가위질에 잘려나간 머리칼들이 수북한 방바닥이 말해 주었다. 피해자일 수 있는 딸은 제 오빠의 실력을 태산같이 믿고 있었다. 오히려 콧잔등에 올라앉은 머리칼조차 귀찮거나 싫다 하지 않고 부동자세로 있었다.

　감당하기 힘들 정도의 큰 사건일 때는 호통을 치기보다는 목소리와 얼굴에 힘을 빼고 임하는 것이 효과가 있다고 한다. 그 이치를 연습이라도 하듯이 무슨 연유로 겁 없이 가위질 했냐고 나직이 물었다. 아들은 미장원에서 보니 어렵지 않아 보였고, 동생이 허락까지 했다며 당당했다. 단 하나라고 했지만 길이가 안 맞아서 자꾸만 자르게 되었다며 연거푸 변명을 했다. 드디어는 왜 그렇게 싸하게 묻는지 의아해 하는 게 아닌가.

　기가 찼지만 떨어져 나간 머리칼을 붙일 수 없어서 따끔하게 이르고는 한걸음에 미용실로 향했다. 주인은 참하게 자라자면 반년은 걸리겠다면서 딸의 머리를 남자 아이로 둔갑시켜 주었다. 일찍 발견하지 않았다면 머리를 확 밀었을 수도 있기에 그나마도 다행으로 여겼다.

　아이들의 사진첩을 보다 보면 한동안 공백이 있다. 별생각이 없었는데 원인을 찾아냈다. 그건 바로 이 머리카락 절단 사건으로 생긴 기간이었다. 기억을 떠올려보면 도대체가 머리카락은 자라는 건지 마는 건지, 자랄 의지가 있는 건지 없는 건지, 내 마음을 알기나 하는 건지 마는 건지 게으르기만 했다.

더러는 너무 지켜보고 신경을 써서 자라던 부분이 닳아버렸나 생각한 적도 있었다. 물론 얼토당토 안한 억지이지만 오죽하면 그렇게까지 생각했겠는가. 그러다보니 선머슴 같은 흔적이 남을까 염려되어 제법 긴 시간 동안 카메라를 멀리했었다.

헌옷이든 새옷이든 에둘러 이렇다 저렇다 할 일은 아니다. 입을 사람이 온 신경을 곤두세워 이리 뒤집고 저리 뒤집어 보면서 매의 눈으로 살폈을 것이다. 또한 삐뚤고 엉성하며 쥐뜯어 먹힌 듯이 잘린 머리카락도 전문가의 미세한 가위질과 손길 덕분에 새로운 인물로 다시 태어날 수 있다.

즉, 자로 잰 듯이 톺아보기를 한다면 시작에 대한 망설임이나 포기 또한 먼저 할 일은 아니라고 본다.

동경 / 100×72.7 Oil on Canbas

SNS에서 가볍게 임하는 철면피들은 본인에게만은 후하다. 뿌린 말들이 갖은 오물과 때에 절어 있거나, 거짓이라는 것이 드러나도 합리화 시키는데 주저하지 않는다. 오히려 잘잘못이 불거져 꼬임 현상으로 번지고 최악의 순간이 펼쳐져도 반성의 목소리 보다는 아니면 말고와 같은 식이다. 이는 사회 전체를 하향평준화 시키는 저속한 행위건만 갈수록 더한 것 같다. _SNS 중에서

4부

- SNS
- 내 탓이로소이다
- 동양화 유감
- 바지랑대
- 수족이 고생한 날
- 잣대
- 절 아이
- 타임머신을 타다
- 협주곡
- 안다니까요
- 달라졌어요
- 아이들의 만년필

SNS

　우리들은 생활의 활력소를 식품으로부터 많이 얻는다. 그것들은 사용된 뒤 몸밖으로 내보내진다. 그런 작용이 부족하거나 넘쳐서 생기는 오작동은 곧장 질병으로 연결된다. 경우에 따라서는 생명줄을 앗아가기도 한다.

　우리가 살고 있는 세상도 채우고 비우기를 반복한다. 하지만 이 비우는 과정과 방법이 일을 더 꼬이게 할 때도 있다. 간혹 본인이나 상대방을 구렁텅이로 밀어 넣는 일과 같은 경우를 말한다. SNS도 그중 하나다.

　현대인들은 남녀노소를 불문하고 옆구리에 SNS 배기통을 하나씩 끼고들 산다. 세 치 혀를 대신하는 카톡이나 트위트 등과 같은 도구들이 그 주인공이다. 이제는 페이스북이나 밴드도 고전 속의 도구가 되어 있을 정도다. 대신에 이름도 낯선 연장들이

쉬지 않고 생기고 있다.

  이런 현상도 초기에는 뜨악하게 보였다. 하지만 이제는 다들 뿌리를 내렸다. 내용에 따라서 알려지는데 걸리는 시간은 거의 초 단위라는 것을 장점으로 친다. 그러다보니 말하기 좋아하고 호기심 많은 부류들의 의존도는 연일 몸값을 올리고 있다.

  누가 무어라해도 SNS 덕분에 인간관계의 폭이 넓어진 것은 부정할 수 없다. 지구촌 시대를 손 안에 쥐게 된 공도 인정한다. 아마도 우리들이 사는 세상이 지구촌이라는 울타리로 묶인 덕이리라. 하지만 사람들이 내뱉은 말들이 정보 제공이라는 선의의 옷 그대로였으면 좋겠는데 아닐 때가 문제다. 더러는 이 사회를 혼탁하게 하는 자살테러단의 무기처럼 보일 때도 있기 때문이다. 그런 경우에는 필요악이라는 생각에 고개를 휘젓게 된다.

  또한 정보의 공유가 지나쳐 마녀사냥의 먹거리가 되는 등 개개인에게 핵폭탄급 상흔까지도 안겨줄 때는 현기증이 생긴다. 이렇다하는 이들을 죽음으로 내몬 경우는 특히 더하다. 사회가 자정 능력을 상실하게 되는 것은 아닐까 두렵기까지 하다. 아무리 사실에 근거한 진실을 퍼뜨렸더라도 자칫 잘못하면 명예훼손죄에 해당된다는 이야기를 들은 적이 있다. 이는 섣불리 행동해서는 곤란하다는 경고다.

  내 아닌 사람에 대한 관심이 아끼고 염려하는 정담으로 시작하면 오죽 좋으랴. 그런데 현실은 당하는 쪽의 인권에 대해서는 모르쇠로 임하거나 본인이 만들어낸 가짜 정보들을 세상에 흩뿌리는데 망설임이 없다. 그들은 사람의 모습이지만 더 이상 인간이기를 거부하려고 작정한 것 같을 때도 사실은 많다.

이렇다하는 선진국의 수장들까지도 막말을 수표 발행하듯 해서 지탄의 대상이 되고 있다. 검증 안 된 말, 하면 안 되는 말, 해서는 곤란한 말 등을 주저없이 내뱉고 있으니 품격이랄 것도 없다. 그들은 비겁하게 민심을 조장하고 분열시킨다. 표를 얻기 위해서 선동을 밥 먹듯이 하거나 마구잡이식 정책을 펼칠 때는 욕도 아깝다.

국내의 정치권도 예외가 아니다. 상대를 향한 싸구려 비아냥으로 성에 안차는지 SNS를 매개로 탁구공 치듯 할 때가 많다. 심지어는 근거가 없는 일까지 공장에서 찍어내듯 허무맹랑하게 만들어 낸다. 이는 상대방을 공략하고 험담해서 본인의 존재감을 드높이려고 안달이 난 부류들이 즐겨 사용하는 비열한 수법이다. 멀리 보면 큰코다치기를 자청하는 모양새건만 지칠 줄도 모른다.

SNS에서 가볍게 임하는 철면피들은 본인에게만은 후하다. 뿌린 말들이 갖은 오물과 때에 절어 있거나, 거짓이라는 것이 드러나도 합리화 시키는데 주저하지 않는다. 오히려 잘잘못이 불거져 꼬임현상으로 번지고 최악의 순간이 펼쳐져도 반성의 목소리보다는 아니면 말고와 같은 식이다. 이는 사회 전체를 하향평준화 시키는 저속한 행위건만 갈수록 더한 것 같다.

간혹 웃자고 말했는데 죽자고 공격한다는 등과 같이 본인이 내뱉은 말에 책임질 생각조차 하지 않는 부류들을 볼 때는 측은하다. 더욱더 이해가 안 가는 것은 혼이 났더라도 시간이 흐르고 나면 선한 얼굴로 도배를 하고 다시 나타난다는 거다. 그러니까 꼬리 감추기하는 그들을 어떻게 봐 주어야할지.

특히 SNS상에 그들과 같은 부류들이 뱉어 놓은 말글을 보면 그야말로 외계어에 가깝다. 받침을 없애는 건 기본이다. 또한 자음과 모음을 마음대로 가져다 붙이고 떼는 식의 파괴는 애교로 봐 줘야할 정도다. 더러는 칼춤도 성에 안차는지 말과 글들로 천하디 천한 춤사위를 보여준다. 족보에도 없는 가면을 뒤집어 쓴 채 말과 글로써 장난까지 치니 대책이 없다.

솔직하게 내 속을 비우자고 함부로 행동하거나 말하는 것은 얼음이 쩡쩡 울어대는 한겨울의 빙판을 마주 보고 서 있는 것처럼 힘들게 한다. 또한 변기 속의 배설물을 보는 것 같아 역겹다.

하기는 생각들을 입안에 가둬 두라고 하는 것은 무리일 수 있다. 먹은 식품의 찌꺼기를 본인의 장기 안에 두라는 것과 같으니 말이다. 그렇게 되면 목으로 넘어간 음식은 몸을 망가지게 할 것이다. 노골적으로 말한다면 변비에 걸릴 것이다. 더러는 약으로 치료해야 하거나 시술과 수술까지도 감당해 내야 한다. 결국은 독이 올라 죽음에 다다르는 경우도 있을 수 있으니 간단한 일이 아니다.

하지만, 그렇더라도 방법은 있다. 더 이상 일그러지기 전에 트위트, 카톡, 페이스북 등의 SNS라는 종교단체에서 긍정과 공정의 참신도가 되면 간단하게 해결된다. 그렇게 되자면 제대로 배설하고 참하게 갈무리하는 건강한 우리들이 많아야 하리라.

내 탓이로소이다

전화기를 들었다. 전화선 너머의 지인은 나 이상으로 물먹은 솜 같았다. 무슨 일이 있어 보였다. 전화한 이유를 물었더니 대전의 여고생에 이어 대구의 한 중학생이 삶을 마감했다고 전해 주었다. 그것도 내가 살고 있는 아파트에서 생긴 일이라 했다. 듣고 보니 황당하기 그지없어 급하게 전화기를 놓았다. 사람의 죽음 앞에 이러쿵 저러쿵 하는 것이 너무 가벼워 보여서다.

송년 모임에서도 아이들의 죽음에 대한 어두운 그림자가 드리워져 있었다. 모인 이들 모두가 피해자요 가해자라며 착잡해 했다. 누군가는 어디 그것이 가르치는 자만의 잘못이겠냐며 세태를 탓했다. 부모는 부모대로, 사회는 사회대로 문제를 안고 있는 것도 모자라 싹 틔우고 키운 탓이라며 한마디씩 보탰다.

모인 이들은 상황을 진단하고 처방까지 했다. 결국에는 다들 내 탓이라며 목소리에 힘을 뺐다. 귀가 번쩍 열렸다. 참으로 오랜만에 듣는 말이어서다. 하지만 자리에 있는 누구도 가해자에게 가학행위를 하라고 시킨 적이 없다. 그와 똑같이 피해자에게 삶을 내어 던지라고 한 이 또한 없다. 그런데도 불구하고 한 목소리로 본인들 탓이라며 혀를 찼다.

회식 장소에서 학교 선배를 만났다. 그쪽도 우리 못지 않게 장기전에 들어갈 기세였다. 무늬만 선배이지 그렇게 좋은 본보기가 아니었기에 냉기류가 제법 흘렀다. 어정쩡하게 등을 지고 앉아 있는데 얼큰하게 취한 선배가 후배를 가르치는 소리가 어깨 너머 들려 왔다.

목에 넘어간 알코올 덕분인지 본인 구린 구석이나 잘못은 간 곳 없고 주변인들을 탓하는 소리 일색이었다. 이야기 속의 사람은 선배의 세 치 혀로 인해 부상을 당하거나 그로 인해 깁스를 했다. 상사는 아예 죽은 목숨이 되어 버렸다. 마침 그 상사의 인격을 대충 알고 있었던지라 인격 파탄자로 각색되는 것이 불편했다.

등 뒤에 앉은 선배는 손 안 대고 코를 풀려고 하는 사람이었다. 사사로운 것을 먼저 앞장 세우는 부류 중 한 명이기도 했다. 그러니까 예전부터 본인의 잘못이나 실수에 대하여 반성하는 것을 본 적이 없었다. 그러다보니 그 앞에서 고개 끄덕이는 사람들에게 진실을 말해 주고 싶었다. 이런 생각을 하고 있는 걸 아는지 모르는지 본인의 잘잘못은 아랫목에 꼭꼭 숨겨놓은 채 남의 허물을 탓하는 말들로 밤이 깊어 갔다.

드디어는 들은 이야기들이 뒤섞여 속에서 가스가 차올랐다. 멀미같은 증세가 생겨 자리에 앉아 있기가 힘들었다. 혼자 사알짝 빠져나가 찬바람을 쐬고 돌아와 지인들과 함께 했다. 오가는 말들을 귀동냥하는데 갑자기 그만 먹으라고 말린다. 젓가락을 멈추고 보니 짜디짠 젓갈 접시를 홀라당 비운 끝이었다.

뒤늦게사 입안이 짜고 매운 이유를 알았다. 청량고추까지 들어가 있는 것을 몇 인 분이나 먹었던 것이다. 다들 넋 놓고 앉아서 왜 그러냐고 궁금해 했다. 내 탓이라는 몇 글자 되지도 않는 말에 감동했다는 이야기를 하려다 말았다. 대신 젓갈을 무척이나 좋아해서 그런 거라며 여상스럽게 넘겼다.

그렇다. 젓갈을 좋아하기는 한다. 작은 종지에 그것을 덜어내 놓으면 매번 바닥을 보고야 말 정도니 말이다. 그래서인가. 사람도 그런 부류를 좋아한다. 흔히 말하기를 짭찔맞다고 하는 사람 말이다.

그런 사람들은 매사에 어정쩡하게 임하지 않는다. 또한 오른손이 한 일을 왼손이 모르도록 하는 경우도 많다. 일이 생기면 더 커지기 전에 소화기까지 들고 덤빈다. 초기 진화를 위하여 몸을 아끼는 일 또한 없다. 생각하기에 따라서 실속이 없을 수 있다. 하지만 그들은 제2, 제3의 그런 경우가 생기면 옛날처럼 또 그렇게 임한다.

살아가면서 작은 실수 하나 하지 않고 생활하는 이는 없다. 하지만 나와 관련된 잘잘못으로 일이 번지게 된다든지 화근이 되었다면 곧바로 시인하는 우리가 많았으면 좋겠다. 조금 더 노골적으로 말한다면 남의 잘못도 내 탓이라고 말할 수 있는 그런 배짱과 여유를 가질 수 없는지. 아무리 막 가는 세상일지라도 그렇게 말한다고 모든 잘잘못들이 내게로 밀물이 되어 오거나 책임을 지우지는 않기 때문이다.

갈수록 그런 큰 얼굴이 그립다.

동양화 유감

사무실에 들어서자 후배가 급하게 컴퓨터를 끈다. 당황해 하는 모습이 못내 미심쩍다. 마우스를 빼앗은 뒤 장난삼아 되살려 본 화면에는 동양화가 화려하다. 즐겨찾기에 등록해 놓을 정도로 좋아하는 모양이다.

정기적으로 만나는 왕언니도 동양화를 무척이나 즐긴다. 젊은 시절에는 동양화를 하다가 새벽녘에 들어간 적도 있었다고 한다. 요즘도 만날 일이 있으면 그런 취미를 즐길 수 있는 장소를 부탁할 정도다. 동양화를 생각하면 아프다가도 정신이 맑아지고, 누웠다가도 일어설 힘이 생긴다고까지 한다. 전문 도박인이 안된 것이 참으로 다행이다 싶을 정도다.

가까운 휴양림에 갔을 때의 일이었다. 억눌린 속내를 푸는 자리로 더 없이 좋았다. 예약해 두었던 숙소에 들어 짐을 푸는데 누군가의 물건이 바닥에 쏟아졌다. 순간 다들 약속이나 한 듯이 배꼽을 쥐고 웃었다. 주인공은 왕언니의 애장품인 화투장이었다. 그것뿐만 아니다. 저녁 식사를 하는데도 동양화 이야기가 주 메뉴였다.

그동안 배울 시간을 주었으니 하라고 하면 어쩌나 했다. 아니나 다를까. 기다렸다는 듯이 판이 펼쳐졌다. 바닥을 보자 머리에 피가 한 바퀴 돌았다. 할 수 없이 다음에는 꼭 배워 오겠다는 구두 약속을 누누이 하고 난 뒤에서야 발을 뺄 수 있었다. 하기는 나를 아는 사람들인지라 발목까지 잡지는 않았지만 불쌍한 사람 취급은 확실히 받았다.

덕분에 책 한 권을 들고 개울가로 도망치듯 했다. 내심 무안한 마음도 달래고 여름 경치를 즐길 참이었다. 그늘에서 신선놀음을 하고 있는데 찾는 소리가 났다. 동양화에 바쁜 선수들 대신에 간식을 준비하라는 명령이 떨어졌다. 동양화를 함께 안한 벌칙이었다.

냄비에 물의 양까지 검증을 받아가면서 라면을 끓였다. 내놓자 다들 보기 좋게 그릇을 비웠다. 그래도 얼마나 다행이었는지 모른다. 억지로 옆에 앉혀서 관심도 없는 게임을 했다고 생각하니 아찔했다.

라면을 끓이는 것으로부터 뒤치다꺼리하는 것까지 콧노래를 부르며 했다. 지인들은 군소리 없이 하는 모습을 또 낯설어하며 한마디씩 건넸다. 저렇게 무미건조하게 살 수 있느냐는 이야기가 대부분이었다.

연이어 동양화의 필요성에 대한 연설이 이어졌다. 여전히 예전처럼 치매이야기로 시작하여 그 이야기로 끝이 났다. 사실 그 질환은 겁난다. 죽은 거나 진배없는 뇌속의 반란이요, 삶의 폭풍우로 보이기 때문이다. 하지만 눈길이 가지 않는데 어쩌랴.

분위기가 이러하다보니 특별대접은 언제나 내 차지였다. 특히 왕언니한테는 희귀종에 가까웠다. 그림만 맞출 줄 알면 할 수 있는 동양화를 그 나이가 되도록 못하느냐는 식의 훈계로 귀에 딱지가 앉을 정도였다.

이토록 동양화에 흥미가 없는 원인은 어린 시절부터 싹이 텄던 것 같다. 흔히 말하는 화투가 반드시 도덕의 회초리를 맞을 일은 아니다. 그런데도 불구하고 땅바닥에 패댕이친 것도 사실은 나다. 그리고는 스스로 도덕이라는 울타리를 쳐두고 갇혀 살았다.

사람들과 잘 어울리는 동양화의 존재는 잘 알고 있다. 그러면서도 지금까지 눈길을 준 적이 없다. 그러다보니 첫걸음을 떼지도 못했다. 그렇게 동양화라는 집의 사립문 밖을 돌다보니 어느 순간부터는 생각만 해도 머리가 지끈지끈 아플 정도로 무식꾼이

동양화 유감 179

되어버렸다.

　그해 겨울에도 칼바람을 안고 산으로 향했다. 역시 중요한 화두는 동양화였다. 속으로 뜨끔했다. 뒤돌아서면 배워올 듯했던 동양화를 반년이 지난 지금까지 또 모르고 있었던 죄다. 물론 표현하지는 않았지만 화살이 나에게 쏟아지면 어떻게 하나 마음을 졸였다. 예상은 맞았다. 거나한 상을 물리자 주변 경관은 오다가 보았다며 자연스럽게 자리가 만들어졌다.

　다행히 성원은 되고도 남았기에 예전보다는 견딜만했다. 끝까지 잘만 버티면 자글자글 끓어오르는 온돌바닥과 함께 노닐기만 해도 되겠다 싶었다. 지인들은 불쌍했는지 그 소원을 들어 주었다. 덕분에 외투를 이불 삼아 단잠까지 즐겼다. 시끄러운 소리에 일어났더니 해질녘이었다.

　일행은 다리와 허리가 아프다면서도 꼿꼿하게 동양화에 열중하고 있었다. 그러면서도 여름에는 물가에서 책 본다고 청승을 떨고, 겨울날에는 늘어지게 자고 일어난다는 이야기들이 걸쭉한 농담과 함께 휘익 날아왔다. 근거 없는 이야기가 아니었기에 웃고 말았다.

　세상에는 닮은꼴만 있는 것이 아니다. 동양화만 해도 화투장 속에 열두 달 월력이 들어 있고, 초 단위에 의해 서열이 정해지는 쌍생아들도 개성이 다르다 한다. 하물며 세상의 이치가 이러한데 개개인이 갖고 있는 개성은 오죽할까. 즉, 동양화든 서양화든 좋아하는 부류가 있으면 그와 반대급부도 있다는 것을 세상이 알아주었으면 좋으련만.

바지랑대

영화 속에 바지랑대가 보인다. 옷가지들을 제 팔과 어깨에 걸친 채 이리저리 일렁인다. 옷들은 주인의 몸이 빠져 나간 것을 아는지 모르는지 에어로빅 춤까지 추고 있다.

가난이 눅지눅지 묻어나던 예전에는 바지랑대가 빨랫줄과 옷들을 위한 지주였다. 집집마다 버팀목 역할을 마다하지 않았던 필수품이기도 했다. 바지랑대를 지켜보는데 한 가족의 얼굴이 떠오른다. 무거운 삶 자락을 이어가면서 무진 힘들어했던 그들과 닮은 점이 있어서다.

그들 모녀를 만난 곳은 동화구연 대회장이었다. 단상 위에 오른 아이는 또래에 비해서 무척이나 작았다. 연설대에 얼굴이 반 이상이나 가릴 정도였다. 당황스러웠다. 어쩌나 하고 토끼눈으로 있는데 누군가가 의자 위에 아이를 세웠다. 진행자들이 어떻게 할 틈도 주지 않고 문제를 해결한 사람은 바로 아이의 어머니였다. 덕분에 행사는 무리 없이 진행되었다.

 그런 기억이 잊힐 즈음 아이를 다시 만났다. 꽃샘추위가 심하던 교실에서다. 예전의 기억이 우물에서 물동이를 퍼올리듯 떠올랐다. 그런데 그것도 잠시 각종 준비물이나 과제를 소홀히 하는 일들이 곶감 엮이듯 생겼다. 드디어는 아이의 발뒤꿈치와 목덜미에서 까맣게 눌은 때가 보였다. 어느 순간부터는 세계지도를 닮은 얼룩까지 자리잡기 시작했다.

 그것뿐만이 아니었다. 곱상하면서도 바른 소리하기 좋아하던 아이가 악다구니에 싸움질로부터 갖은 골칫거리들을 연거푸 만들어 냈다. 쉽게 넘어가도 좋을 일에서조차 선인장 가시로 변했다. 별일이 아닐 적에도 따발총 쏘듯 해서 거친 남자 아이들조차 피하였다. 조용하다 싶을 때는 헤닥사그리한 모습으로 넋 놓고 앉아 있을 때 뿐이었다.

 어느 날, 아이의 부모가 갈라섰다는 소식을 전해 들었다. 활화산이 터진 것처럼 감정의 기복이 심해지고 심산계곡에 버려진 뿔난 짐승같이 굴던 아이의 모습들이 그제야 이해가 되었다. 제 뿌리를 땅 속 깊숙이 내리지 못한 아이에게 부모라는 버팀목이자 바지랑대가 부러졌으니 얼마나 충격이 컸을까.

 극한까지 내몰린 아이의 상황을 계란 속껍질만큼도 몰랐던 담임은 난감할 따름이었다. 나중에 안 사실이지만 아이의 엄마가 카드로 돌려막기를 했다고 한다. 그러다가 집 한 채를 입에 톡 털어 넣어버린 일이 생긴 것이다. 물론 가정을 헤살하려는 것이 아니었지만 가장의 입장에서는 전 재산이 사라져버린 결과 앞에 이혼이라는 비장의 카드를 만지작거리게 되었다.

문제의 열쇠를 쥐고 있던 가장이자 그 집의 바지랑대는 어느 순간 옷을 몸에 걸친 채 부러지고 말았다. 그로인한 후유증은 군불을 지피는 장작불로 번졌다. 다들 마음 고름이 터졌을 터이니 파랑새의 노래 소리를 강요하는 건 무리였으리라.

그 가정을 구할 방법을 찾아 나섰다. 땅바닥에 내동댕이쳐진 그 가족을 보고만 있는 것은 목에 걸린 가시를 그대로 둔 채 생활하는 것과 같았다. 먼저 용기를 내 가장을 만났다. 물꼬를 터주는 통로가 필요해서였다. 알림장을 통하여 인사를 여러 번 건넨 입장이어서인지 오랜 지기 같았다. 또한 한없이 부드러운 양반이었기에 가슴이 느꺼웠다.

가장은 가족들이 들어가 살 보금자리에 대한 꿈에 부풀어 있다가 왜바람이 불어 소박한 꿈이 풍비박산 되고 말았다며 한탄했다. 또한 진즉에 알아채지 못한 것을 후회하다 서류를 정리하고 말았다며 기억을 술술 내놓았다. 그간에 갖고 있던 갖은 꿈들은 는개처럼 흩어져 버려 수습 할 수조차 없었다며 터널 같은 마음 속도 열어 보여주었다.

　정신없이 듣다가 바지랑대의 말꼬리를 잡았다. 사전에 계획했던 각본대로 아이의 과거와 오늘을 하나하나 짚었다. 아이의 어머니와 통화 중에 알게 된 이모저모도 곁들여 대화거리를 풍성하게 만들었다. 가장은 꿈틀꿈틀 놀라면서도 끝까지 들어주었다.

　아이와 가족의 삶에 전쟁과도 같은 포장지를 덧씌우기도 하고, 갖은 낙서도 했다. 가족의 미래를 구길 수 있는 곳까지 구겼다. 이야기를 끝맺을 즈음에는 잔인하게도 진흙탕 속에 그들을 통째로 밀어 넣었다. 그나마도 가장의 결심 하나가 나락에 떨어진 가족들을 구원할 수 있다는 희망의 바지랑대를 한 손에 쥐어 주기는 했다. 가장은 험하고 거친 이야기까지 고분고분 들으면서 되돌아갔다. 한 남자의 어깨가 참으로 허허롭게 보였던 해질녘이었다.

　그러고도 꽤나 많은 날들이 지났지만 파아란 하늘과 같은 소식은 없었다. 부부의 연이 서류상 정리가 되어 버린 것이 장벽 중에도 큰 장벽이었다. 그런 중에도 가장과는 다양한 방법으로 제2, 제3의 만남을 이어갔다. 그렇지만 기다렸던 단비는 내리지 않았다. 결국 그 가족에 대한 기대와 노력은 신기루가 되어갔다.

　내 포기도 서서히 제 모습을 잡아가던 어느 날이었다. 아이 엄마에게 아이들을 보는 것까지는 허락했다는 소식이 들렸다. 애당초 급하게 술술 풀리기를 바랐던 것은 아니지만 횡재를 한 기분이었다. 연이어 어느 날, 빨간 꽃이 핀 화분을 안은 아이 엄마를 계단에서 만났다. 물어 보고 싶은 이야기가 차고 넘쳤지만 회색빛 이야기를 듣게 될까봐 형식적인 인사만 했다. 그런데 그녀는 재결합했다는 소식을 전해 주었다. 긴가민가했다.

알고 보니 가장은 새로 포장된 길을 택할 수도 있었지만 울울창창한 수풀 속의 나무가 되기 위하여 헛뿌리는 내동댕이쳤던 모양이다. 그러니까 그들만의 바지랑대를 새로 만들고 있다는 이야기였다. 덕분에 집안에 일렁이던 먹구름이 조금씩 걷혔다. 바지랑대 위에도 예전의 크기는 아니지만 계절 맞춰 옷들이 다시 걸리기 시작했다.

지난 이야기들은 그들의 삶에 짭조름한 간이 되길 바랄 뿐이다. 또 하나 보탠다면 그들이 차려놓은 마당놀이에서 너끈한 춤사위만 펼쳐졌으면 좋겠다.

수족이 고생한 날

출장 가는 길이다. 가는 길목에 학교가 보인다. 예전에 근무했던 곳인지라 녹아 있던 기억들이 송송 올라온다. 차 속도를 낮춘 채 뒷목이 아프도록 쳐다본다. 부임 후 처음 맞은 운동회가 먼저 떠오른다.

전교생이라야 마흔 명도 안 되는 작은 학교의 운동회 날이었다. 나무 그늘 밑에 듬성듬성 앉아 있는 학생들이랑 학부모의 모습이 꽤나 낯설었다. 생각할수록 그전의 학교와 판이하게 다른 풍경이었다. 손님이 덜 온 가운데 치러지는 행사 같아서 비실비실 웃었다. 확성기를 통해 나온 노래 소리와 가을 하늘을 가르는 바람결만 아니면 준비가 덜 된 행사장으로 보였을 정도다.

내 역할은 사회였다. 짝과 함께 달리기라는 프로그램을 안내한 후 여유를 부리고 있었다. 잠시 뒤 육학년 아이가 옷깃을 당겼다. 신이라도 벗어줄 자세로 무슨 물건을 찾냐고 했더니 같이 달리자고 했다. 얼마 전까지만 해도 수술한 다리에 보조 장비를 끼우고 있었기에 당황스러웠다. 문제는 동료들이 깜빡 잊고 이름을 적어 넣었던 모양이다.

울상인 아이 때문에 할 수 없이 운동장을 한 바퀴 돌 수 밖에 없었다. 꼴찌만은 하지 않아야겠다며 몸에 척척 걸쳐지는 바람결을 휘휘 내저으며 달렸다. 말이 달리기지 걷는 건지 기는 건지 마음만 급했다. 실은 뒤로 달린 것이 아닐까 할 정도로 드뎠다. 다행히 꼴찌는 면했다.

대견해하며 자리를 찾는데 먹지도 않은 청량고추의 화근내가 목덜미에서 올라왔다. 그것도 잠시, 들숨과 날숨이 번갈아 가면서 가슴팍의 숨길이 아파왔다. 뿐만 아니라 수술 부위는 격하게 움직인 탓에 하얗게 질린 채 뻣뻣하고 감각조차 없었다. 수족이 주인을 잘못 만나 고생을 한 셈이다.

허공을 바라보며 넋 놓고 있었다. 그런데 이건 또 무언지. 또 한 아이가 허연 종이를 드밀며 같이 달리자고 했다. 누가 봐도 정신 줄을 놓고 있는 패잔병이건만 이 무슨 날벼락이란 말인가. 갑자기 하늘이 노래졌다. 몸 상태를 이야기해도 변명으로 들리는지 막무가내였다. 할 수 없이 증거를 보여 달라했더니 '우리 학교에서 가장 예쁜 선생님과 달리기'라고 적혀 있는 종이를 보여

주었다. 헛웃음이 나왔다.

　나는 누가 보아도 그런 소리를 들을 정도로 젊거나 미모가 뛰어나지 못하다. 그런데도 불구하고 단지 나랑 친하다고 예쁘게 보았던 모양이다. 그도 아니면 가까이에 있는 사람이 어쩌다보니 나였을 것도 같다. 하지만 아닌 것은 아니었기에 거절했다.

　아이는 칡덩굴처럼 온몸을 옥조여왔다. 난감했다. 할 수 없이 갓 졸업해 온 신규 교사를 가리키며 그쪽으로 가서 부탁하라고 해도 도대체가 말이 먹히지 않았다. 시간은 자꾸만 흐르고 생떼를 부리며 울상이 된 아이 앞에서 더 이상 버틸 재간이 없어 허락하고 말았다.

　무딘 몸으로 횟가루로 범벅이 된 운동장을 또 달렸다. 자칫 잘못하면 수술대 위에 또 누울 수도 있건만 그런 이야기를 할 시간적인 여유조차 없었다. 뿐만 아니라 말을 한다고 해도 화려한 핑계가 될 것이 불본 듯 훤했기에 말았다. 할 수 없이 힘들어 하는 몸을 달래가며 결승선을 통과했다.

　한 바퀴도 아닌 두 바퀴를 달리는 것을 본 이들은 황당해 했다. 그 중에는 인기가 있어서 좋겠다며 놀리는 사람 반, 내일 아침에 일어나겠냐며 걱정하는 사람 반이었다. 충분히 나올 수 있는 이야기들이었기에 변명도 할 수가 없었다.

　구석진 곳에서 메스꺼운 속을 다스리던 중 귀가 번쩍 뜨였다.

모른 척 결승점에 가 있다가 몇 걸음만 내달리면 품위 유지도 되고 힘도 덜 들 텐데 무식하게 왜 출발선 가까이에 있었냐는 말이다. 머리를 써야지 몸을 학대했다며 한 수 가르쳐준 것이다. 듣고 보니 모두 맞는 말이다. 그런데 머리가 나빠서 지구 한 바퀴를 도는 기분으로 돌고 또 돈 것이다.

   우리 주변에는 무디고 볼품이 없는 작은 몸짓이 잔잔한 이야기가 될 때가 있다. 아니면 그 사람만 떠올리면 웃게 되는 경우도 있다. 워낙에 허당이다 보니 간혹 나도 그런 말을 듣기는 한다. 하지만 싫지 않다. 내 수족의 고생이 주변 사람들에게 웃음을 주었다면 제법 참한 일로 보이기에.

잣대

딸이 펄쩍 뛴다. 왜 저러나 하고 멀뚱멀뚱 쳐다봤더니 옷을 당장 갈아 입고 나가라 한다. 성화를 넘어 그야말로 신경질적이었다. 딸은 평소 패션이나 색 감각이 있는 편이기에 어깨 너머로 흘려들을 수가 없다. 실은 울적한 기분을 바꾸려고 진달래색 윗도리와 주홍빛 꽃무늬가 있는 치마를 입었는데 눈에 거슬렸던 모양이다.

색이 너무 화려해서 민망하다 해도 내가 말을 안 듣자 출근하는 것이 아니고 놀러가는 사람 같다며 핀잔했다. 자식으로부터 들은 이야기지만 얼굴이 화끈거렸다. 옷이 놀러가는 복장으로 비쳤다는 것은 딸의 생각이자 취향일 수 있다. 하지만 그것도 관심이라 생각하고 점잖은 옷으로 바꿔 입고서야 현관을 나섰다.

아이가 갈아입고 가도록 했던 윗도리는 털실로 짠 것이었다.

하지만 똑같은 계절이 몇 번이나 지났는데도 세상 구경은커녕 장롱 속에서 길고 긴 겨울잠을 잤었다. 그러다보니 옷에서 나이가 읽히고 옷장 정리를 할 적마다 걸거적거려 어쩌나 했다.

어느 날, 실 가게를 찾았다. 두 팔과 몸뚱이 부분이 분리되어 있는 옷을 볼 때마다 미안해서 실천에 옮겼다. 손재주가 없는 고객을 불쌍히 여긴 주인의 도움으로 드디어 완성했다. 하물며 그렇게 해서 태어난 역사 깊은 옷이 첫나들이에서 홀대를 당할 줄은 몰랐다. 솔직히 내 입장에서야 고액을 주고 산 어떤 옷보다도 정감이 갔다. 그렇지만 딸의 시선으로 보면 옷은 옷일 뿐 그 이상도 이하도 아니었다는 말이다.

각자의 생각을 강요하는 것은 무리다. 더러는 요구가 맹목적이거나 주관적일 수도 있기 때문이다. 그것뿐이면 좋으련만 시한폭탄처럼 주변을 위태롭게 할 수도 있기에 경계할 일이다. 우리나라가 처해 있는 남북 상단의 상황만 생각하더라도 쉽게 이해될 것이다.

냉전시대의 유물인 북한은 개개인의 목소리나 개성을 인정하지 않는다. 참으로 위험한 발상이요, 정권이라 보는 증거다. 즉 다양화 속에서 가치를 발견해야 될 텐데도 현실은 반대다. 더 좋자면 발견된 가치에서 새싹이 돋아나도록 공을 들여야 하건만 그렇지도 않다. 우리 후손들이 세계 속의 주인공으로 자리매김

되는 데는 관심도 없다. 그런 희소식이 여전히 없으니 말이다. 대신 눈만 뜨면 협박과 공포분위기를 조성하니 질린다.

남의 나라도 문제지만 우리 주변도 만만찮다. 특히 선거철만 되면 평소에는 보이지도 않던 애국지사와 해결사들이 수도 없이 나타난다는 것은 어떻게 봐야할지. 그들은 포샵 처리된 얼굴이 든 명함을 들고 본인 홍보에 열을 낸다.

그들 중에는 각종 범법자들이 즐비하다고 한다. 이들은 검증이 허술한 틈을 비집고 들어와 악을 선으로 둔갑시킨다. 아마도 본인의 구린 구석을 기억하는 대중을 계속 속일 수 있다고 생각했으리라. 하기는 이 부분에서는 그들을 탓하기 전에 검증을 소홀히 했던 우리들의 잘못도 크다.

이런 혼란은 우리나라만의 예가 아니다. 미국 대통령의 임명식도 엉망진창이었다고 한다. 그쪽이 진흙탕 싸움이 일어났으니 우리나라도 그러해야한다는 건 아니다. 또한 당연하게 받아 들여서도 안 된다. 오히려 그쪽 나라가 그러했더라도 우리는 우리답게 임해야 할 일이다. 특히 반대를 위한 반대나 작두 위의 칼춤은 그만 추어야한다. 오히려 다들 본연의 자세로 돌아와 현실을 곰삭히는 품격 있는 우리들이 많아져야 하는 건 아닐지.

솔직히 말하면 세상의 그 어떤 이들보다 우리 국민들이라도 법과 도덕, 윤리로 중무장했으면 좋겠다. 그렇게 하려면 이성의 날을 세우고 서슬 퍼런 잣대를 가져다 대는 일에 소홀하거나 피하지 말아야 한다. 그것이야말로 역사 연대표 상에서 나의 몫을 다하는 것이리라.

물론 어쩔 수 없는 상황이 있을 수는 있다. 신도 실수를 해서 똑 같은 색깔의 사람으로 만들어 내놓지 못했다. 그렇다면 인간들이 하는 실수야 오히려 애교로 봐 줄 수 있다. 하지만 실수도 실수 나름이다. 나와 남에게 가져다 대는 잣대가 달라서 비인간적인 술수까지 이용한다는 것은 곤란하다. 특히 정치권이나 일부의 강성 이익집단을 보면 잣대가 있기나 한지 되묻게 된다. 남이 하면 불륜이고 내가 하면 로맨스라고 하는 경우가 많다.

즉, 본인의 잘못은 모르쇠로 임하고 행적이나 치적에는 분장까지도 서슴지 않는 모습을 질리도록 보고 있다. 그것뿐이던가. 추종이나 맹종하는 이들을 동원하여 이 사회의 진실을 음해하는데 날밤을 샌다. 이제는 하다하다 두 눈 뜨고 있는 국민들 앞에서까지 사실을 왜곡하는데 선수다. 민심을 조작하는 데도 수단과 방법을 가리지 않는 증거자료는 넘칠 정도다. 그것도 이제는 도가 넘쳐 외국의 힘까지 빌어서 해대니 할 말을 잃게 된다.

오염된 소식을 퍼다 나르는 병균들의 이야기에는 소름이 돋는다. 건강한 사회를 위해서라도 우리들의 안목은 사회를 구하는 명약이 필요하다. 그와 반면에 설익은 사고와 실천은 역사까지도 망치는 촉진제이니 잣대를 엄격하게 가져다 대야 할 이유다.

요즘도 출근복을 미리 점검받는다. 달라진 점이라면 검증단의 범위가 딸로부터 아들, 남편에 이르기까지 넓어졌다는 거다. 일단 각각의 잣대에 의해서 나온 의견은 평균내서 최종 선택한다. 그러다보니 다음 주를 계획하는 휴일에는 작은 패션쇼가 자주 열린다.

절 아이

'카톡!'

　폰이 딸꾹질 소리를 연거푸 낸다. 제 몸에 손을 대라는 이야기다. 다그치는 소리에 어쩔 수 없이 폰을 연다. 노란색 카톡방에 들어가자마자 눈을 의심했다. 절 아이다. 절 아이가 틀림없다.

　절 아이는 그동안 여러 개의 카톡방을 만들었었다. 매번 이상했지만 묻지는 않았다. 아니다. 오히려 물을 수가 없었다. 혹시나 되돌아오는 말들을 소화 못해서 힘들까봐서다. 어쩌면 성장 과정에 따라 개설하고 없앴나 싶다. 아니면 번호를 여러 번 바꾼 걸까. 하지만 그 어느 것도 직접 들은 이야기가 아니다.

　몇 해 전 여름날이었다. 점심을 먹은 후 식곤증과 다투고 있는데 교무실 문이 열리고 누군가가 들어왔다. 순간 문쪽을 응시하는데 입이 얼어버렸다. 출입문 소리와 함께 들어온 이는 비구니

스님이었다. 스님은 머리밑이 드러나도록 파르라니 깎고 바람이 숭숭 드나드는 장삼 차림이었다. 얼굴은 뽀얗다 못해 백짓장 같이 투명했다. 실핏줄까지 내비칠 정도였다. 순간 나도 모르게 외마디를 뱉었다. 뒷목에 힘이 들었지만 손을 놓고 얼굴에 꽂혔던 시선만은 거두었다. 마치 절집에 들른 것처럼 예를 다하기 위해서였다.

들은 이야기로는 아이를 전학시키기 위해서였다. 누군가의 심부름이냐고 묻자 잔고개짓을 했다. 보호자 또한 본인이라는 이야기에 그제사 동행한 아이를 찾았다. 아이는 스님과 몇 걸음 떨어진 뒤쪽에 서 있었다. 제 또래의 아이들에 비해 다소 왜소해 보였다. 둘의 관계는 물어보지 않아도 될 정도로 입언저리와 눈매가 흡사했다. 다소곳한 몸가짐까지 스님과 틀에 찍은 듯했다.

볼 일을 보고 앞서거니 뒤서거니 돌아가는 두 사람의 흔적을 붙들고 동상처럼 서 있었다. 그들이 까만 점이 되어 사라진 뒤에야 움직일 수가 있었다. 발걸음이 무거웠다. 여성의 상징일 수도 있는 머리카락을 밀어 버렸다는 것이 호기심과 측은함을 낳았다. 절대자를 향한 마음으로 선택한 결정일 수도 있건만 속된 마음은 스님과 아이를 엮어서 자꾸만 내 생각대로 몰고 갔다. 드디어는 갖은 추측으로 머리 속에 보푸라기가 일었다.

홀연히 나타난 아이를 다른 아이들과 구분했다. 먹을거리 앞에서조차 내 손저울은 절 아이에게 후했다. 학교 밖으로 현장학습을 나갈 때도 아이의 자리를 먼저 잡아 주었다. 장난칠 때도 절 아이를 대하는 손길에는 온기까지 두둑하게 얹었다. 덕담도 목소리에 정겨움을 도탑게 묻혀 과하게 건네는 경우가 잦았다.

아이는 수심에 젖어 있을 때가 많았다. 더러는 찌르기만 하면 울음이 넘쳐날 것 같아 가정사나 지금 처한 심정 등을 묻고 달고 하지 않았다. 멀쩡한 가정주부가 머리를 깎고 아이까지 하나 매단 채 개인 절에 얹혀산다는 것만 해도 물음표를 안겨주었기 때문이다. 물론 시작도 끝도 상상이지만 말이다. 그러다보니 무심한 척하면서도 아이를 특별 대접할 일은 길에 깔릴 정도로 많았다.

초대하지 않은 손님으로 인해 교실이 어수선했던 적이 있었다. 열어둔 창문으로 벌이 날아들어 하늘바라기와 함께 비행연습에 열심이었다. 놀잇감을 찾던 아이들에게는 입에 맞는 군것질거리가 생긴 셈이다. 벌을 쫓아내려고 책을 던졌다. 분위기를 빨리 주저앉히기 위해서였다. 책이 천정에 가 닿는 소리와 함께 교실 안은 이긴 자들의 환호성으로 가득 찼다. 놀고 싶은 아이들에게 거리를 만들어 준 셈이었다.

순간 절 아이가 구시렁댔다.

"그냥 둬도 되잖아? 우리들한테 피해를 주지도 않는데……."

절 아이는 벌을 유인해서 세상으로 내보내면 되는데 죽였다며 은근히 꾸짖었다. 갑자기 주변은 숙연해졌다. 비록 제 또래를 탓하는 말이었지만 나도 자유로울 수가 없었다. 멀쩡한 목덜미를 수도 없이 만졌다. 그러다 창밖으로 시선을 보내며 못 들은 척 했다.

열 살박이 아이의 생각과 말에는 생명존중과 함께 온 우주가 담겨 있었다. 모른 척 수업을 진행할 수도 있었지만 절 아이의 무게 있는 말들이 목에 걸렸다. 할 수 없이 행동이 과했다며 장난처럼 사과도 했다. 생명의 소중함을 다시 한번 생각하게 한 아이의 한마디는 노예의 몸에 찍힌 자욱 이상의 흔적을 남겼다.

아이가 절집의 향내를 맡으면서 생활한다는 것을 생각하면 그 혼잣소리가 결코 낯설지 않았다. 나와의 연령차를 떠올리니 오히려 나이 먹었다는 것이 허우대만 멀쩡한 건물 같아 민망했다.

우리들은 환경으로부터 자유로울 수가 없다. 특히 아직 뼈가 여물지도 않은 그 아이에게 있어서의 절집은 불가의 정신세계를 뿌리내리게 했으리라. 그러다 보니 여느 다른 집 아이들과 달리 신중하고 깊이 있는 행동들이 자연스레 배어나왔다고 본다. 또한 제 또래들과 달리 서둘러 어른의 세계로 접어들게도 되었으리라. 하지만 그 길이 가야할 피안의 세계라 할지라도 그렇게 급하게 가지 말았으면 했다. 하지만 그 생각조차 부질없는 사치였는지 아이는 온몸에 절 향기를 묻혀 다녔다.

　절집 아이가 문자를 또 보내 왔다. 확인한 후 서둘러 낯선 번호를 저장한다. 아이와의 인연을 생각하며.

타임머신을 타다

문자가 왔다. 화면을 넘겨야할 정도로 길다. H다. 핏기가 없는 얼굴에 늘 혼자만의 생각에 젖어 있던 옆반 아이가 퍼뜩 떠올랐다. 그동안 감사하고 존경하면서 살았노라는 내용을 뜬금없이 보내온 거다. 광고계에 있다는 이야기를 들은 것 같은데 그렇다 했다. 순간 타임머신을 타고 무려 30년 전으로 돌아갔다. 세월이 흘렀지만 풋풋한 내 모습과 함께 젖살어린 아이들이 보였다.

그 반 담임과 교체 수업을 하고 있었던 어느 날이었다. 햇병아리 교사의 수업은 늘 '전체, 차려!'로 시작했다. 일단은 주변 상황을 정리해 놓고 뛰어갈 참이었다. 그럴 적마다 H는 삼킬 수 없는 생선가시 같았다. 수용보다는 반항끼 넘치는 테러리스트로도 보였다. 또래들보다 능력자이건만 제 또래들의 가슴에 훈훈한 기를 불어 넣어 주는 데는 인색했다. 생각해보면 그만의 세계를 만들어 가기에도 여력이 없었으리라. 하지만 내 기대가 하늘을 찌르다보니 매번 부딪혔다.

드디어는 그만의 세상을 접고 세상 속으로 나오도록 끈질기게 요구했다. 우뚝 솟아 버팀목이 되라는 강요를 수도 없이 했었다. H는 쓰나미 같은 훈계와 요구가 주어질 적마다 받아들이기는커녕 고개를 푹 숙인 채 싸늘한 미소만 보내왔다. 먼 나라 이웃처럼 말이다.

문자가 남긴 번호로 전화를 걸었다. 더 이상 반성이나 자책 같은 회색빛 무리수에 갇혀 살기가 싫었다. 그러니까 아이를 내가 만든 감옥 속에 가둬두고 살 수 없었다. 굵직한 톤의 목소리가 전화선을 타고 들렸다. 대놓고 꼭꼭 쟁여 두었던 사과부터 전해 왔다.

저쪽의 아이는 내가 어떤 자세로 있는지 얼굴의 표정에 대해서 전혀 감이 없었으리라. 그때 무슨 말을 했는지 정확한 기억은 없다. 단, 지금까지 한쪽 벽면에 쌓아두었던 짐 정리를 한 것처럼 홀가분해졌다.

사실 내 잘못도 많았다. 그러니까 H를 향하여 인간적인 유대나 소통을 위한 윤활유를 뿌린 기억이 미미했다. 그 대신 생각의 폭이 좁고 깊이가 얕았던 내 자화상이 보여 부끄러웠다. 하지만 지나간 시간을 성형할 수 있는 신기가 없다보니 그나마도 전화로 아이의 다친 상처를 봉합해 주었다. 좀 더 공감해주었더라면 좋았을텐데 생각날 적마다 후회가 꼬리를 물었다.

  통화와 함께 지나간 필름을 돌려보았다. 기억 속은 총천연색이다. 그 아이는 갸름한 얼굴에 핏기 없는 얼굴, 뻐드렁이가 있었던 것도 같고 머리숱이 많지 않았다. 어릴 적 모습을 되짚자 전화기 너머의 아이는 희미하게 웃었다. 그런 것을 기억하냐고 했지만 그런저런 일들이 내 머리 속에 남아 있었다는 것을 그는 몰랐으리라. 밖으로 내쫓으며 악담까지도 보너스로 얹었으니 에둘러 무슨 말을 더 할 수 있을까.

  솔직히 내 철학이 반듯하니 무조건 따라오라는 공식을 현수막처럼 걸고 채근질에 담금질까지 했었다. 군화를 신은 천하무적 용병처럼 말이다. 무슨 자신감인지 알 수 없지만 그때는 방법이 조금 허술해도 아이들을 위한다는 말 한마디로 다소 통했던 것 같다. 지금 생각해보면 그것이 최선이나 차선이 아니라는 것을 알기에 목소리에 힘이 빠졌다.

  늦었지만 지금부터는 어눅신한 과거나 불편했던 진실과 화해하기 위해서라도 타임머신을 자주 탈 일이다. 허락된 시간들이 방시레 웃을 수 있도록 다듬이질까지 하면서.

협주곡

요즘 클래식에 푹 빠져 있다. 급기야 학원을 정해놓고 배우러 다닌다. 오늘도 입구에 들어서자 낯익은 악기 소리가 귓전에 와 닿는다. 숙성된 협주곡이 온몸을 감싸고 돈다. 사람의 목소리와 함께 악기 특유의 음색이 버무려져 맛깔스럽다. 발소리로부터 숨소리에까지 힘을 빼고 귀동냥했더니 음표와 쉼표가 머릿속의 오선 위에 얹힌다. 아직은 악기들의 색깔을 찾는 재주가 무디지만 알아가는 과정이 신기하다.

연주곡 중에서 협연을 좋아한다. 협연은 모든 악기들이 바쁠 때도 있지만 숨 고르기를 하기도 한다. 자신은 낮추고 다른 악기를 돋보이게 하려는 마음씀씀이라 할 수 있다. 즉, 목청 높여 내 목소리를 내는 독주와 다른 방법으로 곡의 완성도를 높인다. 그렇게 상대방을 존경하고 배려하면서 태어난 연주곡들이기에 가

법게 볼 수가 없다. 이는 세상의 이치와도 다르지 않다.

예전에는 어느 악기 소리를 더 좋아하고 말고가 없었다. 그런데 시간이 갈수록 한쪽으로 기울고 있다. 쉽게 흔들리는 성격이 아닌데도 불구하고 이렇게 변한 것은 콘트라베이스와 첼로의 영향이 크다. 이들은 현악기 중에서도 외모가 늠름하고 주변의 악기를 포용해 주는데 선수다. 다른 악기들을 솜털이 보송보송한 양탄자 위에서 노닐게 할 정도이니 말이다.

연주하는 위치도 겸손하다. 관중과 눈 맞추며 호흡하는 장소로 앞자리나 가운데가 좋을 일이건만 그들은 절대로 탐내지 않는다. 자신들의 큰 덩치를 생각해서 언제나 구석진 자리에 있다. 전체적인 균형을 깨지 않으려 애쓰는 것까지 적절하고 참하다.

또한 이 악기들은 묵직한 중저음으로 사람의 목소리를 닮았다. 알고 보면 좋아하는 이들이 제법 많다. 굳이 그 말을 새겨들어서가 아니고 소리를 듣다보면 저녁노을 밑에 노니는 바람결이 느껴진다. 즉, 피부에 와 닿는 것이 과하지도 부족하지도 않기에 편하게 받아들이게 된다.

그래서인지 더블베이스나 첼로와 같이 툭 던지는 한마디 말로 주변 정리하는 사람을 좋아하게 되었다. 좋아할 뿐만 아니라 나도 그런 사람 축에 들려고 나름대로 애쓴다. 그것뿐만이 아니다. 그런 사람을 만나면 함께하는 동안 나이와 성별에 관계없이 의지하게 된다.

다음으로 좋아하는 것은 목관 악기다. 그들은 기다란 관을 타고 나온 매끄러운 소리들로 나무나 관 특유의 체온을 전해 준다. 울퉁이 금관 악기에 비해 여리고 약하지만 피부에 와 닿는 소리만은 자연스럽다. 특히 나무의 숨결을 타고 뿜어져 나오는 소리는 자연 속으로 초대 받은 것 같다. 물론 피꼴레라는 손바닥 안의 악기는 고음을 자유자재로 내며 센소리를 낸다. 그렇지만 이는 성형에 성형을 거듭한 결과물이기에 간드러지더라도 봐줄 만하다.

바이올린과 비올라가 생각난다. 그 악기들은 처음부터 끝까지 줄곧 내달린다. 마치 마라톤 경기에 임하는 선수들처럼 줄기차다. 더러는 줄과 줄 사이를 걸음마 연습하는 아기처럼 오간다. 좀 더 장성한 청년의 걸음으로 씩씩하게 임할 때도 있다. 또한 약국의 감초를 떠올려 줄 때도 많다. 생각해 보면 참으로 여러 가지 방법으로 소리를 만든다고 봐진다.

이 악기는 손끝이 아프도록 줄을 누르며 연주한다. 활을 켤 때는 얼음 위를 지칠 때 이상으로 바쁘다. 그러니까 바이올린이나 비올라 등과 같은 부류는 곡을 화려하거나 궁핍하게 만드는 힘이 있다. 그렇게 하다 보니 각각의 소리통은 작으나 성실하기도 해서 곡을 두껍거나 얇게 한다.

이들의 소리는 작디작은 몸체에서 나오다보니 간혹 성내는 것 같다. 더러는 까탈을 피우는 일곱 살 아이의 투정 같아서 피곤해질 때도 있다. 하지만 조직이나 인간 세상에도 묵직하고 진중한 부류만 있다면 너무 무겁지 않을까. 그렇다면 그야말로 세상의 조미료 같은 이런 존재 또한 반드시 필요해 보인다.

인간 세상에서 바이올린이나 비올라와 같은 사람들은 대부분의 대중이자 개미군단이라 할 수 있다. 그들은 강줄기를 한순간에 바꾸지는 못한다. 하지만 강바닥의 사정은 훤히 꿰차고 있기에 물길까지도 바꿀 수 있는 힘을 갖고 있는 군단이라 할 수 있다.

악단의 중간에 자리 잡고 앉아서 순간순간 곡에 골조와 같은 역할을 하는 금관 악기류가 있다. 그들은 용맹하고 저돌적이며 세상을 뒤집으려 작정한 듯이 불을 내뿜듯 연주한다. 전사가 전장에서 승리한 후 조국의 대지를 밟자마자 터져 나오던 함성까지 들려주기에 참으로 든든하다.

더러는 악기의 온 몸을 훑는 연주자들의 숨길이 끊기는 것은 아닐까 염려할 때도 있다. 그럴 때는 높디높은 산 위에서 호령하는 맹장의 목소리를 접하게 된다. 그 소리들은 알고 보면 곡의 정점이요 방점이다. 그러다보니 매번 미덥고 신뢰가 간다. 우리들 세상에서라면 이는 그야말로 지도층이 아닐는지. 하기는 윤리적으로 타락하여 제 밥값을 못하거나 불명예 퇴진하는 이는 예외다.

타악기는 어떤가. 주구장창 나타나는 주류는 아니지만 박자를 되짚어주는 효자 노릇은 확실히 한다. 덩치가 큰 것부터 장난감에 가까울 정도로 외모가 볼품이 없는 것도 있다. 하지만 효과만은 비교할 수가 없다. 즉, 값어치를 따지자면 그야말로 보약과 같은 존재들이다. 짧은 시간 활동한 뒤에 숨어 버릴지언정 있고 없고의 차이는 태풍급이다.

이는 우리 사회의 원로라 칭하고 싶다. 묵은 지식을 고루하다고 보면 더 이상 대화가 안 되지만 그들의 지혜는 참으로 귀하다. 곰삭한 결과가 음식만 좋은 것이 아니고 원로들의 입에서 입으로 전해지는 유무형의 유산은 결론짓기 어려울 정도로 향기롭고 진하디 진한 감동이 있다. 어디서 지혜를 사왔다는 이 없으니 하는 말이기도 하다. 사람들 세상에서는 꼰대들이라며 가볍게 보지만 누가 무어라 해도 내일을 위하고 후손들을 위한 마음만은 인정해주어야 하리라.

솔직히 독주처럼 고즈넉하게 혼자 풀어가는 것도 좋다. 그와 반면 협연은 소리가 어우러져 더 돋보인다. 독주처럼 우물이 세상의 전부인 것처럼 생각하고 산다면 이는 곧 피폐한 삶을 옆구리에 끼고 가는 모양새가 될 것이다. 그러니까 완전한 인격체가 되기 위해서라도 협연의 자세로 살 일이다.

　제주도의 돌담은 바람에게 빠져나갈 구멍을 만들어 준다. 담을 지키려는 지혜다. 그런 자연의 이치를 협연에서도 배운다.

안다니까요

"안다니까요."

다섯 글자의 문자가 왔다. 누군가 하고 물 묻은 손으로 확인했다. 주인공은 시 대회에 데리고 나갈 준비를 하고 있는 아이였다. 그날 해야 할 과제를 보낸 내 문자에 대한 답이 '안다는데 왜 자꾸 연락하냐?'는 말이었다. 하기는 아이의 말이 맞기는 맞다. 하지만 본격적인 사춘기 전이라고 보았던 초등학생, 그것도 열 살 박이의 입에서 나온 말은 삼킬 수가 없었다. 입맛도 썼다.

그렇게 잘난 아이를 지도한다고 점심까지 건너뛰었다. 새벽잠을 흔들어 깨워가면서 아침 일찍 출근 전쟁을 치른 것도 기억났다. 그런 시간들이 뇌리에 녹화되었다가 눈앞을 오갔다. 하나라도 더 가르쳐야겠다는 목적으로 지도했건만 되돌아온 대답에 멍해졌다. 무슨 영광을 보자고 지금까지 끌고 왔나 싶어 억울했다.

그 아이는 평소에도 만만하지가 않았다. 상대방의 좋은 점보다는 부정적인 면을 키워서 이야깃거리를 만든 적도 있었다. 더러는 의도적으로 문제의 싹과 말을 만들었다. 혹여 자신이 펼쳐 놓은 그물에 걸리지 않거나 변화가 없으면 얽히고 설킬 때까지 물밑에서 갈그작거릴 때도 있었다. 오죽하면 아이들의 일기장에 자주 등장해서 담임들이 골머리를 싸맸겠는가. 아무리 생각해도 주변 사람들을 불편하게 하는데 재주가 있는 것 같다.

드디어 나도 그 아이의 반찬이 된 듯하다. 꼭 그렇게 표현했어야 했을까. 하기는 아이와의 나이 차를 따져보면 넘어갈 수 있는데 너무 예민하게 생각하는 것 같기도 하다. 듣기에 따라서 내가 권위를 내세우려는 것처럼 느껴질 수도 있지만 그건 아니다. 단지, 아이를 향한 진심이 가볍게 전해진 것 같아 몸에서 무언가가 빠져나가는 소리가 연거푸 들렸을 뿐이다.

순간 아이의 부모 얼굴이 떠오른다. 그들은 교육은 두고라도 양육 또는 훈육을 할 줄 모르는 것 같았다. 아니면 할 의지가 없는 건지 매번 아이 앞에서 쩔쩔맸다. 평소에 위태위태하더니 집안에서 새는 바가지가 밖에서도 새듯이 엉덩이에 뿔난 짓을 하고 만 것이다. 하기는 아이 입장에서는 평소에 하던 대로 했을 뿐인데 내가 상처를 받은 것에 불과할 수도 있다.

항간에는 친구같은 부모가 되어야 한다는 이야기가 많다. 하지만 그것도 선은 있어야 한다. 그런데 그 집의 두 아이들은 제 부모를 동급도 아닌 하수로 보고 대화나 행동을 한다는 거다. 가정에서 자녀들의 잘잘못에 대한 제어를 못하거나 잔가지를 쳐내지 못하면 그 역할을 누가 한단 말인가. 아무리 생각해도 대책이 없다.

어디서부터 잘못되기는 했는데 너무 범위가 넓다. 이런 저런 생각들이 홍수처럼 넘쳐난다. 같은 길을 가고 있는 남편은 어른 아이 없이 자기위주의 사고를 하는 경우가 많으니까 조근조근 가르치라고 한다. 머릿속이 복잡해서 혼자 넋두리처럼 중얼거렸더니 뒤에서 들었는지 거든다. 초점 흐린 눈으로 쳐다보았더니 시간도 걸리고 힘이 많이 들 수 있지만 두 번 다시 마음 아프지 않으려면 할 수 없다며 세상의 진리까지 한소끔 건네준다.

맞다. 아이를 어느 정도 반성하게 하거나 바른 길로 이끄는 데는 시간이 걸리고 입에 거품까지도 물어야할지 모른다. 좋기로는 가정, 학교, 사회가 손을 맞잡으면 효과가 있으리라. 그것이 어렵다면 가정과 학교만이라도 의기투합하면 좋으련만 그 어느 것도 호락호락하지가 않다.

어디랄 것 없이 일탈을 하는 이들이 많아지고 있다. 오히려 드세지고 개념이 없는 부류들의 이야기를 쉽게 접하게 된다. 그들은 뻔뻔하기 이를 데 없다. 무엇이 공정이고 무엇이 정의인지 알 수가 없다. 무엇을 가르쳐야하는지 어떻게 가르쳐야 할지 중심이 흔들린다. 힘도 빠진다.

조금만 더 인내하고, 조금만 더 배려하고, 조금만 더 나를 냉정하게 다독이는 우리가 많았으면 좋으련만. 입맛이 쓰다. 밤잠을 설치면서까지 가르치는 일에 몰입하는 후배들이 안쓰럽다. 그들이 받을 대접과 그들이 들을 소리들이 귓전을 맴맴 돌기도 한다.

말 한마디도 나의 인격이자 품격이 된다. 그렇다면 상대방을 매도하기 이전에 나의 일거수일투족은 어떠한지 자주 살펴볼 일이다. 아이 덕분에 행동 지침과 세상 진리 하나를 깨우친다.

달라졌어요

상담과정이 압축된 TV프로그램을 챙겨 보고 있다. 직업과 관련이 있어서인지 다음 회가 기다려질 때도 많다. 주인공들은 자신의 문제가 인터넷이라는 거대한 바다에 뿌려지는데도 촬영을 허락했다. 그 중 생채기가 난 자퇴생 이야기는 지금까지도 가족 영상물처럼 생생하다.

주인공은 부모의 생이별에 이어 어머니의 재혼으로 치명적인 부상을 입었다. 그는 한 번도 아니고 연거푸 버림받았다는 배신감에 몸부림쳤다. 세상의 생얼굴을 너무도 일찍 알아버린 탓에 모든 것이 삭힐 수 없는 불쏘시개였으리라. 그 결과 영혼을 악당에게 저당이라도 잡힌 듯 시한폭탄처럼 생활했다.

학교에서 만난 A도 그와 비슷한 집에서 자란 2학년이다. 더 안쓰러웠던 것은 부모가 지적장애라는 거다. 그러다보니 어디를 쳐다봐도 솔직히 의지할 대상이 없었다. 하나 있는 형은 대소변도 제대로 처리 못했다. 몸에서 나는 찌든 냄새의 원인이기도 했다. 그것뿐이면 좋겠는데 입은 옷으로는 도저히 계절을 가름할 수가 없었다. 컵라면을 들고 복도나 길거리 후미진 곳에 앉아 홀로 먹는 일이 허다했다. 또한 급식 자체를 거부하면서 스프에 전 라면 외에는 눈길도 주지 않았다. 그러다보니 영양결핍이 가져다주는 각종 병을 주렁주렁 달고 다녔다.

A는 주변의 모든 이에게 데면데면 굴었으며 눈동자를 풀어 젖히고 나다녔다. 도대체 자존심은 어디다 맡기고 왔는지. 그도 아니면 원래부터 없었던 건지 난감한 일이 길에 깔릴 정도였다. 지능이 낮기라도 하면 이해하겠지만 의욕이 없을 뿐 극히 정상이라는 거다. 학교도 건성으로 다니는 것 같았다.

더러는 횅하니 교문 밖으로 나가버려서 학교 근처의 골목으로부터 허접한 건물의 으슥한 곳, 그 누구도 발견하기 힘든 학교 안의 후미진 곳 등으로 찾아다닌 적이 수도 없다. 학교 인근의 편의점 종업원은 들어서기만 해도 A에 대해 이야기할 정도였다. 이런 숨바꼭질은 그곳에 근무하는 내도록 이어졌다.

방송에 나오는 주인공의 가정도 심각하기는 도진개진이었다. 기억 속의 아버지는 죽은 사람이나 진배없었다. 그로 인한 원망은 시간이 갈수록 저주의 뿌리를 뻗어나갔다. 그와 반면 생모가 힘들게 내민 두 손은 진흙탕 속에 패댕이를 치며 무시했다. 더러는 눈에 불을 켜고 원수 대하듯 하더니 난동도 부렸다.

드디어는 악다구니를 하는 것도 모라자서 폭력까지 하는 구제 불능 패륜아로 나앉았다. 그러다보니 모자 관계는 섬과 같은 존재가 되었다. 또한 이런 소문은 꼬리를 물고 나가 그야말로 온 동네의 골칫덩이가 되었다. 그것뿐만 아니었다. 특히 카메라가 찍고 있다는 것을 알고 있으면서도 혀를 찰 일이 수도 없이 이어졌다. 그 결과 촬영이 수시로 중단되었다.

시청하는 내도록 머릿속은 A를 떠올리고 있었다. 다행히 아직은 어려서 TV속의 주인공 같지는 않았다. 하지만 불행하게도 지적장애를 갖고 있던 부모가 이혼한 뒤로는 눈 뜨고 봐 줄 수가 없을 정도로 증세가 심해졌다. 결국 작은 질서라도 있던 가정은 만신창이가 되었다.

A는 제 아버지를 때리는 폭력까지 했다. 또한 학교를 잠자는 곳으로 활용하더니 오락과 게임만이 사는 낙이 되어 버렸다. 알고 보니 판단능력이 없는 아버지는 아들의 조정과 지시를 받는 부하에 가까웠다. 그런 아이가 우리의 미래라는 생각을 하다보면 몸에서 바람 빠지는 소리가 수시로 들렸다.

실오라기 엉킨 듯한 방송 속의 가정은 드디어 상담전문가에 의해 분석에 들어갔다. 원인을 밝혀내는 과정이 훤하게 보이지는 않았다. 하지만 현실은 과거가 낳은 씨앗이라는 것이 증명되었다. 그와 동시에 가족 모두에게 지금까지 누구도 가르치거나 주문 한 적이 없는 맞춤형 처방전이 주어졌다. 더러는 가족 간에 배려와 소통을 위해 낯간지러운 요구도 했다. 그럴 때조차 다들 어금니를 깨물며 따라준 결과 가족애의 씨앗이 조금씩 움트기 시작했다.

 방송의 특성상 모두 보여주지는 못했겠지만 내가 헛것을 보는 게 아닐까 의심하게 될 정도였다. 어느 순간부터는 웃음이 바이러스처럼 번지는 등 변화가 고공행진을 했다. 물론 어색함이 구석구석 배어 있었지만 다음 회를 기대하게 될 정도였다. 이런 변화는 각자가 갖고 있던 예리한 모가 둥글게둥글게 마모된 결과였으리라. 이 모든 변화는 제작진이나 상담전문가들의 격려와 응원이 매회마다 보약으로 곁들여진 덕분이기도 했다.

 근무처를 옮겼다. 어느 날 지인이 A에 관한 이런 저런 소식을 전해 주었다. 평소와 달리 목소리가 달떠 있었다. 알고 보니 그렇게도 애먹이던 아이가 전학을 갔다는 거다. 그러니까 A를 보낸 쪽은 잔치집이고 받은 쪽은 초상집이었을 것 같았다. 보육과 훈육, 그것들에 보태 교육까지 해야 했던 지난날을 떠올려보면 굳이 설명하지 않아도 두 학교의 분위기가 그려졌다. 며칠 뒤 뜨악한 소식을 연이어 접했다. A가 며칠 사이에 친모 쪽으로 또 전학을 갔다는 거다.

　아이에 대한 소식이 잊힐 즈음 카톡에 "안녕하세요?" 라는 글이 올라왔다. A였다. 모른척하고 누구냐고 했더니 여상스럽게 자기 이름을 대면서 잘 있으라는 인사까지 했다. 기적이다. 기적 같은 일이다. 이런 변화를 안고 온 치료제는 약이 아니라 가정이었다고 본다. 비록 반쪽 부모이고 약해 보이는 모성애일지언정 제 속으로 태어난 자식에 대한 바람은 컸을 터이니 말이다. 또한 그 기대가 어깃장만 놓던 아이의 마음밭을 옥답으로 만드는 거름이었으리라.

　무슨 일이든 공들인 결과는 있게 마련이다. 그렇다면 결실이 비록 쭉정이였더라도 성급하게 판단할 일만은 아니라고 본다. 구부리고 달구는 과정도 없이 쇠그릇이 만들어 질 수는 없다. 또한 신발 안의 돌도 집어내야만이 편하게 걸을 수 있다. 그러니까 지레 포기하고 주저앉기보다는 가던 걸음 멈추고 신발 속에서 주인 행세 중인 돌을 집어내야만 한다.

아이들의 만년필

나에게는 애장품 두 개가 있다. 두 개 모두 만년필이다. 하나는 고등학교 동기가 승진 선물로 보내온 거다. 다른 하나는 초임 시절에 담임을 맡았던 제자들로부터 받은 것이다. 친구가 보낸 핑크색 만년필에는 친구의 얼굴이 담겨 있다. 그러다보니 호즈넉하고 자유로운 시간대에 쓰려고 집에 두고 있다. 제자들이 보내온 것은 검은색 몸통에 금색 허리띠를 두르고 있다. 직장에서 싸인을 할 때 주로 쓰는데 고급스럽다.

언젠가 졸업생들을 만나기 위해 고즈넉한 한식집에 닿았다. 가지각색의 구두들이 사열하듯 자리 잡고 있는 곳으로 안내를 받았다. 문손잡이를 잡으려니 목이 멨다. 이런 순간이 있으리라 상상도 못했었기에 마음을 다스리고 나서야 안으로 들어갈 수 있었다. 30여 년 동안 잠겨있던 비밀의 화원을 열자 새로운 세계가 펼쳐졌다. 비록 장성했지만 어릴 적 얼굴들이 한 방 가득이었다.

곧잘 장난을 쳐서 혼이 났던 아이, 매사에 벌을 자청하거나 방과 후에 찾으러 다니게 했던 아이, 꾸중 들을 때조차도 빙글빙글 미소를 머금었던 개구쟁이, 무어라 하지 않아도 묵묵히 제 도리를 다했던 모범생에 이르기까지 콩나물시루 안의 모습으로 앉아 있었다.

밥은 먹는 둥 마는 둥하고 정담을 나눴다. 그것도 잠시, 털옷의 실오라기를 풀어내놓듯이 다들 빛바랜 앨범 속의 이야기들로 공격해 왔다. 마시지도 않은 술기운이 돌 정도였다. 물론 내 답은 "좀 더 잘하지, 그랬냐?"로 시작해서 뒤늦은 사과와 변명까지 하느라 진땀이 났다.

어지간히 끝났나 하는데 한 아이가 집으로 돌아갈 적마다 윤동주의 '서시'를 왜 그렇게 외우게 했냐며 대들었다. 실은 '서시' 속의 문구를 조금만 의식해도 후회 없이 살 것 같아 암송하게 했었다. 그들은 생활하면서 그 서시 때문에 고달팠다면서 투덜댔다.

조용히 있던 아이들까지 하늘을 우러러 한 점 부끄럼이 없도록 어떻게 살 수 있냐며 탓했다. 실천불가능한 일을 왜 주문했냐는 거다. 솔직히 그 말에는 시원한 반기를 들 수가 없었다. 생각해보면 나도 지키지 못한 일을 열두세 살 아이들에게 강요한 거나 마찬가지이니 말이다. 겨우 대답이라고 한 말은 재료가 있으면 양념 넣어 조리하는 것은 요리사의 역할이 아니냐며 도끼눈으로 밀어 붙였다.

'서시' 속의 생각이 틀린 것은 아니지만 더러는 포장도 필요하다. 특히 포장이란 것은 살아가는데 윤활유가 될 수도 있다. 그러니까 방법에 대한 지도가 없었던 것은 서툴렀거나 설익었다고 본다. 또한 나의 목표지향을 그들에게까지 주입시킨 건 무리였다. 하지만 졸업 후 많은 사람과 책들을 만났을 텐데 굳이 나만 문제 삼는 것은 억울했다. 그런 생각을 목소리에 실었지만 백전백패였다.

2차로 자리를 옮겼다. 그곳은 갑자기 들이닥친 우리들로 인해 장터의 국밥집이 되고 말았다. 먼저 자리를 하고 있었던 사람들은 굴러온 돌들의 수다와 '서시' 합창에 어리둥절해 했다. 물론 주변 손님들에게 정중히 사과하면서 양해를 받기는 했다. 하지만 새벽녘의 떼창에 대한 변명으로는 약했다. 특히 40대의 첫 제자들이 읊는 '서시'는 끝내 나를 울리고 말았다. 다행이라면 밤의 여신과 적당한 조명 덕분에 표정을 어느 정도는 감출 수가 있었다는 거다.

만년필이 어깨 펴던 시대가 있었다. 사람들은 만년필을 평생의 배필처럼 호주머니 속이나 윗도리 포켓, 책상 근처 등 주인이 가장 총애하는 자리에 두는 경우가 많았다. 하지만 그런 아날로 그 시대는 지나갔다. 오히려 전자서명과 인공지능이 주인행세를 하고 있다. 그러다보니 잉크에 의존한다는 자체가 벌써 퇴색된 종이 같다. 하지만 펜촉이 지나가면서 남긴 손글씨의 흔적은 상대방의 마음을 한 번 더 떠올리게 하니 귀하디 귀하다.

만년필에는 아이들이 새겨준 이름의 머리글자가 선명하게 아로 새겨져 있다. 행동을 함부로 하거나 가볍게 하지 못하도록 하는 마력이 여기에서 나오는 것 같다. 아이들이 투덜대면서도 '서시'가 본인들 삶의 주춧돌이 되었다고 하듯이.

우리시대수필작가선 061

최선화 2020

| 인쇄일 | 2020년 09월 01일
| 발행일 | 2020년 09월 09일

지은이 | 최선화
엮은이 | 이유희
편집인 | 이숙희
발행처 | 수필세계사
인쇄처 | 도서출판 포지션 TEL (053) 256-2210

출판등록 | 2011. 2. 16 (제2011-000007호)
주소 | 41958 대구광역시 중구 명륜로 23길 2
연락처 | Tel (053) 746-4321 / Fax (053) 793-8182
E-mail | essaynara@hanmail.net

값 12,000원
ISBN 979-11-85448-61-9

* 이 책의 판권은 지은이와 수필세계사에 있습니다.
  양측의 서면 동의없이는 무단 전재 및 복제를 금합니다.